道楽学問のすすめ

豊かに実りある人生を歩む

眞田 莖
Kei Sanada

まえがき

私は、二〇〇二年二月に、二十八年間一度も転職せずに勤めていた会社を退職した。

ヒンドゥー社会ないしはヒンドゥー教における理想的な生き方の規範に「四住期《しじゅうき》」がある。それは、人生を「学生期《がくしょうき》」「家住期《かじゅうき》」「林住期《りんじゅうき》」「遊行期《ゆぎょうき》」の四つの住期に分けるものであるが、これに当てはめて考えると、その時期は、まさに「家住期」を卒業し「林住期」に入ったことを意味する。それはまた、仕事をし、生計を立てるといったいわば「家住期」とは違って、自分の裁量で自由になる多くの時間をもてるようになったということでもある。

この自由裁量時間を活用して、いままで断片的に止《とど》まらざるを得なかった「生きる」「なぜ生きる」「善《よ》く生きる」「幸福に生きる」といった、人生の重要事に関わる事柄を包括的に問い直し、でき得ればそれを今後の私の人生に反映させていきたいとの思いに至った。そしてこれを追求するための学問を「道楽学問」と名付けると同時に、私の林住期の生活（営み）の柱の一つとして位置付け、以来、現在に至るまで十八年余にわたってこれをつづけている。

道楽学問の詳細な説明については本編に譲るが、本書で意図する学問の大半は、その人の生業《なりわい》のためとは直接的に関係しないような、ないしは一般に関係の少ないと思われるような分野における学問（学び）を対象にする。それはまた、「実学」としての側面を兼ね備えているといえるだろう。

自分自身が、長きにわたり道楽学問をつづけてきた経験から断言できるのは、道楽学問は、人生を豊かに実りあるものにしてくれるということである。ひいては、「善く生きる」「幸福に生きる」上での糧《かて》ないしは一助になるということである。そしてまた、その過程を楽しむという趣味的な側面もある。道楽学問を気楽に始めてみると、それは思いの外、楽しいし、面白いものである。私が道楽学問をすすめる所以《ゆえん》である。

そこで本書では、「一生涯にわたって道楽学問を継続してみませんか」という趣旨のもと、道楽学問を日々の営みの中に組み込むことの意義とその取り組み方を、簡単にまとめている。

第一章では、私のいう道楽学問とはどんなものかを関連事項を含めて記した。また、第二章では、道楽学問ないしはその中身と大いに重なるところがある教養と人格に関わることについて、必要に応じて道楽学問と関連づけながら、私の考えを述べてある。第三章では道楽学問の意義と効用について、第四章では道楽学問を実践するにあたっての一般的留意点とともに、読書とネット情報に関して道楽学問の情報源という観点から、どんなことに留意すべきかについて、私の思うところを書き記した。

　そして最後の第五章では、道楽学問の具体例として私なりの道楽学問を紹介してある。道楽学問とはたとえばこんなものと、イメージして頂ければと思う。

　道楽学問は、人生百年といわれる超高齢社会にあって、長い老後生活を退屈することなく充実して送るための重要な役割を演じてくれる。その人の置かれた立場に応じてある種の制約がついて回るにせよ、誰でも、いつからでも始めることができる。とりわけ大学生をはじめとして「学生期」にある若者（青年）の頃から始め、人生が終わるまで継続していけば、それがきっとその人にとっての人生を豊かに実りあるものにする糧となって作用する。私にとっては後追いになるが、そんな風に思っている。

　本書が、皆さまにとって「道楽学問」を始めるきっかけとなれば、望外の喜びである。

道楽学問のすすめ　目次

第三章　道楽学問の意義と効用

第四章　道楽学問を実践する上での留意点

第五章　私の林住期における私なりの道楽学問の旅

装幀　佐々木博則
カバー写真　photolibrary/dwph
カバーイラスト　Freepik.com
本文デザイン　宮地茉莉

第一章

道楽と道楽学問

本章では、道楽学問という言葉に込めた私の思いを記す。本書でいう「道楽」と「学問」、そしてそれを合わせた「道楽学問」の意味するところを確認しておくことにしたい。その後、道楽学問と重なる「教養」および「教養の涵養《かんよう》」との関係について考察する。

道楽とは何か

「道楽」という言葉には、大略、相反する二様の意味があると私は思っている。辞書類で「道楽」の意味を確認すると、次のように説明されている。

①　本職以外の趣味などにふけり楽しむこと。また、その楽しみ・趣味。たとえば、「釣り道楽」「食い道楽」「着道楽」といった用法における「道楽」になる。

②　ものずき。好事。自分の職業以外のものにふけり楽しむ。

③　酒色・博打《ばくち》などの遊興にふけること。放蕩《ほうとう》。遊蕩《ゆうとう》。たとえば、「道楽息子」「道楽の限りを尽くす」といった用法における「道楽」になる。

これらが「道楽」という言葉からわれわれが抱く一般的な意味なのだろうが、どちらかというと悪い意味合いの要素が強い言葉といえるだろう。一方、本書で私がいう「道楽」の意味は、本職以外の趣味、自分の職業以外のものにふけり楽しむといったことを除いて、大筋において異なる。

本書で私がいう「道楽」とは、もう一つの別のよい意味合いからなる「道楽」で、中国思想の「道《みち》」の概念を踏まえた道楽になる。

「道」は中国思想（特に「道家《どうか》」）の最重要概念の一つである。それは、人間世界の規範、道理から、さらに宇宙の根本的な規律、原理、あるいは本体を意味するまでに至っている。「道」の原義は真っ直ぐな道路である。それによることで目的地に達することから、依拠すべき規範、目標、そして踏むべき階梯《かいてい》を意味するに至る。道を探究してそれを明らかにできれば、個々人はもとより、人々が法《のっと》るべき正しい道理のもと、万人が歩むべき正しい進路を指し示すことができるといえるだろう。このような道を楽しむこと、これが本書でいう「道楽」という言葉に込められた意味合いになる。

ちなみに道楽とは、元来は、仏道修行をして得た「悟りの楽しみ」をいう言葉だそうである。また、「道楽《どうぎょう》」と読んで、道を求めようとする願いも意味する。

学問とは何か

辞書類で「学問」の意味するところを確認すると、大略、次のようになる。

① 学ぶこと、問うこと、勉強すること。また、そうして得られた知識。

② 体系的な知識や理論を専門的に学ぶこと。そうして体系化された知識や理論および方法。哲学・史学・文学・社会科学・自然科学などの総称。

③ 広い知識・教養。学識。たとえば「学問のある人」といったように用いられる。

本書でいう学問とは、これらのすべてを包含したものであるが、人がそれぞれの人生を歩んでいくに際して学問が関与してくる局面においては、殊更学問を難しく捉えるのではなく、学問とは「学ぶこと、問うこと、そうして得られた知識を糧にして考えること」くらいの、誰でもできる気楽な意味合いからなるとしておけば事足りると思う。

道楽学問とは

道楽学問とは、前述の道楽と学問に関する意味合いを踏まえての、「道楽の学問」「道楽しながらの学問」のことである。

それは「人生の営みに関わるもろもろの道を探索・探究し、これを解明しながら、日々の実践に適用を試みながらする学問」くらいの意味になる。そして、本書で意図する学問の大半は、その人の生業《なりわい》のためとは直接的に関係しないような、ないしは一般に関係の少ないような分野における学問（学び）を対象にする。

逆説的な物言いになるが、だからこそ道楽学問は「豊かに実りある人生を歩むための一助（糧）になる、基底として働く、背景として作用する、日々の営みに役立つ学問」であるといえる。そしてそれはまた、直接的であるか間接的であるかを問わず、「実学」としての側面を兼ね備えているといえるだろう。私は、一義的には、道楽学問をこのように解して用いている。

ちなみに、いままで述べてきたことと趣《おもむき》を異にするが、下世話でいう「釣り道楽・食い道楽・着道楽」といった場合の道楽と「道楽学問」の道楽が、その心境として同一視できる道楽であるとなれば、それこそがまさに「道楽学問」の醍醐味《だいごみ》であるといってよいのかも知れない。その意味では、道楽学問とは「道楽でする学問」、より私の思いに照らしていえば「道楽でする道楽学問」になる。そこにあっては、道楽でする学問、道楽としてする道を楽しむ学問はとにかく楽しい、面白いということである。

道楽学問と教養

「教養」という広く一般に使われている言葉がある。この教養と道楽学問とは、ある意味でないしは大略で、同じことを表現しているといえる。道楽学問に含まれる知識や見識の内容と教養を構成する知識や見識の内容は、厳密にみれば異なるところがあるだろうが、同じであるといえる。

また、学び・問い・考える行為としての道楽学問の対象・対象分野と、教養を積むための学びの対象・対象分野も、ほぼ同じであると思っていればよい。そして、道楽学問を通して得た知識や見識（識見）は、教養と呼ぶに相応《ふさわ》しいといえるだろう。こんな観点からして、道楽学問と教養は基本的に同じ概念であるといえる。

ただ、私が「道楽学問」というときには、ものごとを学ぶに際して、そこに潜む始原的・根源的・根本的な事柄は何なのか、そこでの道とは何なのかといった基底的なことに目を向け、それを常に意識して学びの対象に向き合うことを指している。得られた知識や見識を日々の営みの中に適用し、その人の人生をより豊かに実りあるものにしていく、すなわち「学びの過程」を見据えながら「実学」の側面により重きを置くということを意図している。道楽学問にこのような意味合いを付与すると、道楽学問は動的であり、教養は静的であり、かつ、道楽学問は教養を包摂した概念で、教養に較《くら》べ、より広い概念であるといえるかも知れない。

道楽学問にしろ、教養の涵養に努めるにしろ、そこで得られた知識や見識はその人の精神の基底として作用し、その人のなす行為を定めることになる。またそれは、その人の人格の陶冶《とうや》に繋《つな》がることになる。「善く生きる」「より善く生きる」、ひいては「幸福に生きるか否か」の相当部分は、その人が道楽学問ないし教養をどれだけ身に付けているかによるといっても過言ではないだろう。

以上のようなことからして、教養の涵養と人格の陶冶は道楽学問の中核をなすといってよいだろう。そこで、次章にて「教養の涵養と人格の陶冶」に関わることについて取り上げ、もう少し立ち入って私なりの考え・思いを綴《つづ》っていくことにしたい。

なお本書においては、「教養の涵養と人格の陶冶」を「道楽学問と人格の陶冶」とした方がより適切かも知れないが、どちらかといえば耳慣れないであろう「道楽学問」という言葉より、「教養」なる言葉を用いた方が、誰でも抵抗なく受け入れられるだろうと思う。それでさしたる支障はないと思う。

ただ、道楽学問なる言葉を前面に出せば、道楽学問と人格の陶冶とが相携えてなる知識や見識は、その人をして正しい道へ導く誘因として作用すると、より明示的に語っているといえるだろう。

第二章

教養の涵養と人格の陶冶

本章では、「教養と人格」の意味するところや中身を簡単に確認した後、人それぞれの人生・生き方と関連づけながら、「人生の各期に即した生き方と教養の積み方」「人格の陶冶に向けて」、そして「教養・人格にまつわる避けられない事象」について、私の考え・思いを綴っていくことにしたい。

教養と経験

教養を涵養し、それに裏打ちされた知識や見識（識見）をもっていれば、何事に対しても一方の見方に片寄ることなく「中庸」を得た適切な見方・判断のもとで、ものごとに対処できる。それはまた、人格の陶冶に繋がる。それゆえに個々人が教養を積み、人格の陶冶を志向しつつ、日々の生を真摯《しんし》に真剣に営んでいけば、それが「生きる」「善く生きる」「より善く生きる」こと全般に対して有益に働き、その人の人生を豊かで実りあるものにし得る。ひいてはその人を「幸福な生」に誘《いざな》うことにもなる。私はこんな風に思っている。

なお、以後の記述における「教養」の相当部分を、本書の題名に忠実に従うという観点から、「道楽学問」に置き換えた場合、文章がすっきりとせず、分かりにくさは免れない。ニュアンスの違いより、解釈に注意する必要もあるだろう。ゆえに、これを避けることにするが、実質的にほぼ同じことを語っていることになる。

では、教養とは何か。教養とは学問・芸術などにより人間性・知性を磨き高めること、およびそれによって得られる知識や心の豊かさをいう。教養とは何かを一言でいうとこうなるだろうが、教養の涵養について、もう少し立ち入っていくことにしたい。

個々人が教養を身に付ける手段・方法には、大別すると、経験（実地経験）を通してと、それに資する事柄を学びかつ考えること（学習と思考）の二つがある。学び考えたことが後の経験に役立ち、経験したことが学び考えたことに具体性を付与する。それとともに、後の学習、思考に方向性を与える。このように、当然のことながら、この二つは絡み合う相補《そうほ》関係にある。この意味合いから、学習には人生経験を先取りできる、いわば疑似体験の側面もある。

経験はたとえば、近しい人・友人・学友、職場の上司・同僚・後輩、顧客等々のいろいろな人と交流する、文化、自然に接してその美しさなどを体感する、といったことを通して積み重ねられていく。その過程で自然・社会・他者などのあり様に触発・啓発されたりもしながら、個々人は生きる上で必要な知識やスキルを学び身に付けていく。

いずれにしてもこのような経験を通して教養を身に付けていくには、人それぞれの人生を真摯に真剣に生き、世の中の森羅万象《しんらばんしょう》の正鵠《せいこく》を得たあり方・あり様を把握し、どのように生きるのが善き生き方であるのかを、自得していくことに尽きる。

学びの対象

教養を身に付けるための学びの対象は、多岐にわたる。一般にはリベラルアーツ的な素養を身に付けることが、教養の涵養に繋がるといえる。

リベラルアーツとは、大学の語学、芸術、歴史、文学などの一般教養学科をいう。ちなみに中世ヨーロッパでは、リベラルアーツを文法、論理学、修辞学、算術、幾何学、天文学、音楽学の七科目（自由七科）とした。

これらの学科で学ぶものが、教養の素地になるといえる。見方を変えれば、天文学・物理学・化学・地学・生物学などの自然科学、政治学・法律学・経済学・社会学・歴史学・文化人類学および、その他の関連諸科学を含む社会科学、哲学・歴史学・文学などの人間文化を研究対象とする人文科学の諸科学全般の素養が、教養を身に付けることに繋がる。それとともにその中のいくつかは、それぞれの人が携わっている職業（仕事）に必要な直接的知識として役立つことになる。

また、古今東西の宗教に関して学ぶことも、それを信じる・信じないにかかわらず、教養の涵養に欠かせない。さらに、絵画・彫刻・音楽などの鑑賞、古典芸能などの観劇、講演会などの聴講、エンターテインメント、旅行、スポーツ、漫画といったものの中にも教養に関わる要素があるといえる。

そして、これらの学び・学問の分野は各々の分野ごとにさらに細分化された多くの領域(専門的分野・領域)から構成されている。また、個々人は、教養とは直接的には結びつかないような、生きていく上で必須の知識やスキルを習得する必要がある。

若干話は変わるが、日本でいう書道、華道、茶道、香道、和歌や俳句などの歌の道などの専門領域としての「諸芸諸能の道」と教養に関わることに触れておきたい。ここでいう道は言語や理では尽くせず、経験の長い過程としてあり、作法、型、立居振舞などの身体的所作をも含むとされる。私はこれらの道に関してまったくの門外漢であるが、これらも日本的教養に関わる対象・対象分野を構成しているといえる。

このように教養に関わる対象分野は数え切れないほどある。そうかといって、このような膨大な対象分野のすべてを考えつつ学び、かつ満足できる程度のレベルに到達することは、どんなに才能に恵まれた人でも不可能である。われわれが実践できるのは、これらのうちのわずかなものに過ぎない。それでもできるだけ広範な素養を身に付けようとする態度と、それに向けて努力することは大切である。そして、そこでの対象はその人にとって興味の湧くものであることが好ましいが、いわゆる「食わず嫌い」ということもあり得ることは心に留めておくべきだろう。

教養と人格

教養があるか否かの一般的基準は、リベラルアーツ的な豊富で広範な知識をもっているとともに、それに裏打ちされた、見識（識見）、智恵の豊富さの度合いにある。いわば人間性（心、精神）の高まり度合いにある。

教養は、高邁《こうまい》な人格を構成する主要な一要素になる。教養は、下世話な言葉でいうところの「物知り」であることとは一線を画する概念である。豊富な知識を有していることは、一般論としては好ましいことであろうが、物知りであることが人格の陶冶に直接結びつくわけではない。ある場合には、雑音となって人格の陶冶を妨げることも多々あり得る。

では、人格とは何か。人格とは個人の精神的働きや行動様式を規定するような、統一的な特性（性質）をいう。人格の陶冶がなされ、高邁な人格形成へと向かっていけば、それに比例して、個々人の思考・実践のあり方・あり様はより正鵠を得たものになる。加えれば、個々人は主体的に時宜《じぎ》を得た倫理・道徳的行為をなすようになる。

また、人格とは自身を他者と区別する特性であるが、たとえば高邁な人格は他者に対しての強い「力」として働く。人格の力とは、他者に対する感化力・影響力のことにほかならない。高邁な人格を備えた人は、それが人的魅力となって他者に影響を及ぼす。この感化力・影響力は、それが及ぼされる者にとっては、自分の世界観や人生観を一変させられるほどのものである。その意味で、人格は個々人を離れて人間社会全体のあり様を方向づける要因として働くことにもなる。

教養と人格の意味するところやその中身について述べたが、教養の涵養と人格の陶冶は、その人の生き方に即して人生を真摯に真剣に歩み、経験を積み重ねていくことによって成し遂げられていくものと考えられる。

この認識のもと、教養を積み人格の陶冶を図っていくにあたって、先ずは教養をどのようにして涵養していくのがよいかについて、人々が歩む一般的な人生の段階ごとの「生き方」と関連づけながら、私の思っていること、考えていることを記すことにしたい。

教養の積み方

教養を積むにあたっては、先ずはリベラルアーツ的な分野に関するできるだけ広い知識の習得に努める。それがほぼ満足できる程度に成し遂げられた後に、個々人が興味を抱く、ないしはその人にとって必要な、ある特定分野に「集中」して当該分野の深耕を図っていくやり方が考えられる。

逆に、ある分野の知識の習得に集中し、そこから浮かび上がる疑問や課題の解決を他分野の知識などにも求める、いわば「波及効果」の獲得へと進むというやり方も考えられる。

この二つのやり方を截然《せつぜん》と区別するのには無理があると思うが、ともあれ以後、前者のやり方を【やり方A】、後者を【やり方B】と呼ぶことにする。一般的にいって、このどちらのやり方、ないしは過程を採るべき、ないしは優先すべきか、それは個々人が人間の一生のどの段階にあるかによると思われる。

一生の四分類

ここでの議論に照らしていえば、人間の一生は①胎児・乳幼児・児童期、②青年期、③成人・壮年期、④老年期の四つに大別することができると思われる。

これら各期をおおまかな年齢と対比させると、特に青年期以降において個々人がどの段階に属するかは年齢だけでは一概に決められない大きな幅があるだろうが、次のようになる。

① 胎児・乳幼児・児童期

胎児期は母親の胎内にいる期間、乳児期は生後一年前後までの期間、幼児期は生後一年前後から満六歳頃までの期間、児童期は幼児期の終わりから十二歳頃までの期間になる。従って、胎児・乳幼児・児童期は母親の胎内に宿ったときから満十二歳頃までの期間になる。

② 青年期

十二歳頃から十七歳頃までの思春期を含めるとして、十二歳頃から二十歳代半ばまでの後半は成人と重なっているといえる期間である。

③　成人・壮年期／④　老年期

成人・壮年期と老年期を年齢で区分することは個人差等が大きく困難なので、成人・壮年期は成人ないしは壮年の時期、老年期は老年の時期としておく。

次に、各期のそれぞれの特性と、人生の各期に即した生き方と教養の積み方について詳しく論じていきたい。

①胎児・乳幼児・児童期の教養の積み方

この期では、いうまでもなく身体が形づくられていくと同時に、心のあり様を決める脳が発達・成長する時期である。心身の基礎部分がこの時期に形づくられる。脳科学の知見によれば、人間の脳の神経細胞群の基本的な配線構造は三歳頃までに形づくられ、その後ほぼ一生にわたってその人の心のあり様を規定することになる。

そしてまた、この時期は脳が最も柔軟性に富んでいる。この時期にいかなる生育環境に置かれ成長したかが、その人の将来の人格を決めるともいえる。

心身を育み、社会と交わり生きていく上での知識や振る舞い方などを徐々に身に付けていくとともに、一生のあり方を決める基礎的準備期間としてとりわけ重要な時期であるといえる。

といって当然ながら、胎児はもとより、乳幼児・児童が自分の力で主体的に自分の身体や心を育んでいくことはできない。将来自立し、主体的に己の生き方を歩めるように生育環境を整え、養育、教育する責務は、いうまでもなく両親・家族をはじめとする大人、そして、社会にある。そこでは、【やり方A】に即した基礎的な知識や情操を育む教育がなされることになる。

青年期前期を含めた義務教育期間における基礎的スキルの習得という観点からは、古くからいわれている「読み、書き、そろばん（算数）」の素養が身に付くような教育が、リベラルアーツ的な分野の知識習得のためにも、とりわけ大切であると私は思う。

次に、これに関連しての私の思いの若干を述べておくことにしたい。

胎児・乳幼児・児童期にある人を一括して子供と呼ぶことにすると、子供は一般的にいって、両親をはじめとしてその子供が接する大人のいうことや立居振舞を、その是非を判断することなく、大筋で真似・模倣して自分のものとしていく。大人は子供にとって成長の諸局面における「模範」になる。

従って、生得的な遺伝的要素とともに、子供が将来どのような人格を形成し、そのもとで生を営んでいくようになるかの大半は、大人ないしは社会が子供とどのように向き合っているかで決まることになる。その意味で、大人そして社会の責務は極めて大きい。

そこで疑問に思うことの一つに、大人の了見《りようけん》からではなく、心身の基礎部分が形づくられる成長過程にある子供の特性に即したかたちで、大人一人ひとりが子供にとって好ましい生育環境をつくり出しているのか、模範足り得る行為をなしているか、ということがある。社会集団に拡張しても同様のことがいえる。

たとえば、自利に駆られて倫理・道徳的でない行為をして憚《はばか》らない大人が、それを横に置いて子供はかくかくの倫理・道徳的行為をなすべきであると決め込んで、端的にいえば自分（大人）のことは棚に上げて子供にそれを強いては、まさに本末転倒である。

また、子供の養育や教育はいかにあるべきか等々が議論され、制度化されているが、それを推し進める人々（とりわけそれを主導した立場にある人々）は、自《おの》ずとそれに相応しい素養や人格を備えていると思われているないしは見做《みな》されているようであるが、それらの人の中には、本当にそうなのか、その資格はあるのか疑わしき人がいる。

また、それに関して驕《おご》ることなく謙虚に反省する姿勢・態度に欠けている人がいる。そんなことからして頓珍漢《とんちんかん》と思われるような施策がまま行われているといった思いや印象をもつことがある。それは私の錯覚ないしは僻《ひが》み・偏見の類《たぐい》なのだろうか。

大人は、子供を愛育していくにあたって、それに相応しい教養、識見、品格等々を具備した存在であるのかと現実を「謙虚」に見つめ「反省」し、改めるべきところは改めていくように努める必要がある。子供を愛育するに際しては、先ずもって、子供の模範たり得る大人になることが要請される。

②青年期の教養の積み方

青年期は、個々人にとって社会に巣立ち、主体的に自分の人生を切り拓いていく上での最終的な準備期間、助走期間であり、次の成人・壮年期に向けての重要な期間である。ここでの論旨に照らして青年期はいかにあるべきかを問えば、一般的には次のようにいい得ると思われる。

ほぼ思春期に対応する青年期前期は、児童期の延長として【やり方A】に即して、広範なものごとに対する知識習得と、それらの知識の質的深まりを図る時期である。同時に、社会に巣立つ上でのスキルを身に付けていく時期でもある。この時期にある人に対する大人ないしは社会の役割は、胎児・乳幼児・児童期のそれとほぼ同様であろう。加えるに、この期に個々人が徐々に自分の力で主体的にものごとに対処できるように仕向ける、そしてそのための支援や教育をしていくことにある。

青年期後期は、青年期前期のそれをさらに推し進めるとともに、個々人が自分の生き方を模索し、主体的に行動を起こせるようになることが求められる。それが達成できればその人は、大人や社会の援助・支援を必要とする事態がいまだ起こり得るにせよ、個の自立を成し遂げ、次の成人・壮年期へと円滑に歩みを進めることができることになる。

この時期の教養の涵養に際しては、【やり方A】に即するとともに、徐々に自分の意志に基づいての【やり方B】に軸足を移していくのが適切であると思われる。そしてこの際には、次に述べるようなことに留意しておくことが大切であると私は思っている。

その一は、この期が、こうありたいと思う将来の自分をそろそろ意識する時期であろうことに関係する。すなわち、自分にとって将来に役に立つかどうかとかいった功利的な思慮・判断のもとで、リベラルアーツ的な教養分野を限定し、取捨選択してその知識を学び習得していくということである。この態度は、とりわけこの期の終わりとなる数年間は、社会に出て自力で生計を立てる準備として、あるいは実際に自分で生計を立てる上で必要な局面もあるだろう。

しかしできるだけそうした判断は横に置いて、いろいろな分野の知識の習得に努め、ひいては教養の涵養に繋げるという態度・心構えが求められる。この段階は、一般に自分の将来の生き方を限定する必然性はない。あったとしても希薄でよく、いかなる事態にも対応できるような土台を築く時期になるからである。

その二は、広範な対象を学習していくと、自ずと興味があって打ち込めそうな分野、逆に、入り込んでいくことに抵抗を感じる分野といったものが、具体的になってくる。そこでは、食わず嫌いであったというように、学び以前には思いもよらないような方向を指し示すことがあるかも知れない。

こうした経験を積むことが、その人の本来的な性格・性向に合致した、相応しい将来に向けての無理のない自然な生き方へ誘う契機となる。それとともに、自分の生き方を新たなかたちで自覚できることにもなる。

広い分野の知識は教養を積む糧になり、ひいては高邁な人格形成に繋がるのみならず、成人・壮年期に向けてその人に真に適合した道を指し示すことにも繋がるだろう。これもまた、青年期にはできるだけ広範な分野の知識の習得を図るべき所以といえる。

その三は、もろもろのことを学習していくと、分からない、理解できない、疑問に思うことが多々生起してくる。それについては、先ず、納得できる答えを見出すべく、当該課題をさらに学び、かつ考えることが要請される。

しかし、いつまでもそれに拘泥《こうでい》するのもよくない場合がある。学習して考えても、いまはその答えを見出せそうもないと判断したら、それを一時棚上げしておくことが賢明な場合もある。心の片隅にそのことを意識さえしていれば、いつか突然、「そういうことだったのか」と理解・納得できる瞬間が訪れるものである。いつまでも考え、悩んでいると一歩も前に進めない。真剣に思い悩んで解決がつきそうもない事柄（課題）の多くは、時間がやがて解決してくれるという場合が往々にしてあるということである。

その四は、ここでの最後になるが、青年期においては何事にも果敢《かかん》に挑戦できる、挑戦して構わない。人生における最も躍動した時期であるということである。その青年期において、自分の将来の生き方に関して明確な方向性をもって、それに必要な学習や技能の習得に邁進《まいしん》している若者がいる。

しかしそれは少数派であって、青年期にあるほとんどの人はそれを描き切れずにいるだろう。そんな訳で、青年期は真剣であればあるほど、将来の自分の生き方に関して思い悩むことがいろいろとあるだろうが、いつまでも思い悩むより、とにかく具体的に実践してみる。さすれば具体的な答えが出てくる。青年期はとりわけこの心構え・態度でものごとに対処するのがよいと思われる。

特に【やり方B】に即して、自分にとって大切と思うことを実践してみた結果、思い通りであったならばそれでよいし、逆にどうも自分の思いとは違っている、自分には不向きであると思い至れば、修正するか方向転換すればよい。青年期は、たとえ失敗しても、いくらでもやり直せる時期である。さらに付け加えれば、失敗が糧となって成人・壮年期以降のその人の人生をより実りあるものに成し得るかも知れないのである。

③成人・壮年期の教養の積み方

人間が心身ともに成長を遂げ、いわゆる一人前になった「大人」と呼べるのは、一般に青年期の終わり頃を含めて成人期からである。

成人・壮年期は、個の自立を成し遂げた個々人が、基本的にそれぞれの自由意志、裁量に基づいて生を営んでいく時期である。その意味で、基本的には自助（セルフヘルプ）の精神で何事にも対処し、その結果は自分で責任を負うという心構え・態度が要請されるといえる。

ところでこの期に生を営んでいく人にとっての生き方、ないしは生活の様式には、大きく二つの側面があると思える。

一つは、自分らしく「生きる」「善く生きる」という個人としての「生き方」の側面である。もう一つは、社会の一員として他者と協働しながら自分や自分が養うべき他者（家族など）の生命を維持し、生活できるように「生計」を立てるという「生きる」「生き方」の側面である。これはこの期にある人にとって避けて通れない責務ともいえる生き方になる。

この二つの生き方、生きるということは、ある部分では補完的であるとともに、ある部分では相容《あいい》れない場合があると思われる。ここでのテーマに照らしていえば、この期にある個々人の教養の涵養は、この二つの生き方に絡んでなされていくことになる。以下、生計に関わる側面を切り口にして議論を進めることにしたい。

成人・壮年期にある人は、その人がどのような人生を選択するかにかかわらず、主体的に生計を立てる算段をし、それを実行しなければならない。生計を立てるとは、直截的《ちょくせつてき》にいえば、ごく少数の人を除いて、何らかの職業（仕事）について、そこでの労働によって「お金」を稼ぎ、本人や家族が生活していけるように経済的基盤を整えることである。

個々人が思い描く本来的な生き方があって、それに従った生き方をするにしても、その前に生計を立てることが要求される。生活に支障をきたし、ひいては生命を維持することが困難、ないしはできないようでは、個としての自分らしい「生き方」を問うたところで、それは意味をなさない。従って、最も社会と交わり社会と共生していくこの期にある個々人は、好むと好まざるとにかかわらず、必要な生活の糧を得ることができるように、従事する仕事に必要な知識や技能（スキル）の習得、そして労働そのものに多くの時間を割かなければならない。

一方で、青年期までに基本的な知識の習得、ひいては教養と人格のそれなりの形成がなされているはずである。このようなことからして、教養を涵養するためのやり方は【やり方B】に即すのがよいといえる。さらにいえば、生計を立てるという重要事に時間を費やさざるを得ないゆえ、それしか選択肢がないといえるかも知れない。

成人・壮年期にある人は、生計を立てるために労働する時間が否応なしに大きな部分を占める。生計を立てることは、社会の中で他者と関わり合いながら働き、他者と協働して互いに生活の糧（一義的にはお金）を得ることで可能になるが、そこには他者あるいは集団間での競争や利害の衝突が起こることも避けられない。

『ソクラテスの弁明』の中でソクラテスがいうような、人間の性《さが》ともいえる権力、出世、名誉、評判などの獲得に汲々《きゆうきゆう》とするといった、他者を凌駕《りようが》しようとする諸行為がまかり通ることも多々ある。それは、権力の獲得、出世、よい評判の獲得、お金を稼ぐといったことが、その人にとって至高のものとして目的化されることにもなり得る。これらはある人にとっては「生きる」「生き方」そのものかも知れないが、一方で、それらは、その人の思い描く、ないしは本来的な、自然な、「生き方」「善く生きる」とは対立し、相容れないものであるかも知れない。そうだとすれば、元来、こうありたい、こう生きたいという、その人にとっての理想的な生き方があったとしても、生計を立てるためには、その思い通りにはならない。それの一部を犠牲にする、ないしはあるところでそれと妥協せざるを得ない局面があるということになる。

自分や家族を養い、生きていくためには、自分の自由、意志が制限されるということになる。その一方で、家族のためになっているとか、他人のために役立っているとの思いや、実際にそう思われていることを実感できれば、そこに喜び、幸福感、生き甲斐といったものを見出して、「私は生きている」と心底感じることもある、あるはずである。

いままで述べてきたようなことからして、個々人は「自分らしく生きる」と「生計を立てるために生きる」の二つのあいだで、その程度は千差万別であろうが、葛藤を抱くことになると思われる。それゆえに、ここでの主題に照らしていえば、成人・壮年期は「自分らしく生きる、善く生きる」と「生計を立てるために生きる」とが調和・整合した生き方を探究しつつ、そのために必要になる教養の涵養に努めることが、要請されるといえるだろう。

④老年期の教養の積み方

老年期にある人は、一般的にいって、成人・壮年期における生計を立てるために労働することから解放された、ないしは大幅に軽減された状態にある。それは自由に、自分のためのみに費やすことのできる時間をふんだんにもつことができるということである。

その意味で、老年期は、自分の思う「生き方」に即して生を営んでいくことのできる「黄金期」である。また多くの自由裁量時間のある老年期の生き方は、個々人の生き方に関する考え方、意志、裁量、そしてそれに基づく行為・行動に委ねられているということでもある。

従って、この期にある人々は、成人・壮年期にも増して、自助（セルフヘルプ）の精神で何事にも対処し、その結果は自分で責任を負うという心構え・態度が要請されるといってよいだろう。そして見方を変えれば、その人にとっての人生、生き方を集大成する時期である。つまり、老年期は人生の「完成期」でもある。

老年期にある人も、当然自立した個としてそれぞれの生き方に従って生きることになる。自立した個は、できる限り他者に迷惑をかけないようにすることが要請される。その意味で老年期にある人は、他者や社会にできる限り頼ることなく、自分の生計は自分で賄《まかな》えるようになっていることが望まれる。さらにいえば基本的鉄則になる。

また、この期にある人は誰しも、否応なく、身体的にも精神的にも徐々に衰えていく老化現象は避けられないし、重い病気を患うこともある。このいわゆる運命的な「生老病《しょうろうびょう》死《し》」のうちの「老病」に関しても、他者にできるだけ迷惑をかけないように、自助の精神で心身の衰えを抑制する、病気の予防に努めることが要請される。

老年期に関わる事柄や事象のいくつかを記してきたが、これを踏まえつつ、次に老年期における教養に関連しての私の思いを述べることにしたい。

老年期にある人々は、その長い人生の期間を通して、総じていろいろな意味での豊富な「経験」を有している。人生の諸局面でさまざまな経験を積み、それを通してそれなりの知識、教養、智恵、識見、人格の陶冶等の成就がなされてきたはずである。なかんずく老年期に至るまでの人生を真摯に真剣に生きてきたなら、それらは一層奥深いものになっているだろう。

老年期にはこの経験による果実を役立てつつ、個々人が思い描く生き方に即して生き、かつこれを完成させる期になる。そこには、個々人の心情とそれに基づく諸行為に絡んで、好ましい生き方も好ましくない生き方もあると思われる。

好ましい生き方とは、老化現象等による不可抗力的事態の発生で、自分ではいかんともし難い身心的状態に陥ってしまった場合は別にして、自分の生計は自分で立てられるのは当然のこと、自分の生を営んでいくにあたり、他者に頼ることをほとんど要しない状態を確立していることである。これを前提として、豊富な人生経験の果実を基底に置きつつ、自分の思い描く自分らしい生き方を淡々と着実に歩みつつ、同時に一層の教養を積み、人格の陶冶を図るべく学びつづけていくことである。

これは自分という個にフォーカスした生き方であるが、とりわけ老年期はこれができる時期である。それに加えるに、社会との関わり合いという側面で何らかの関与や貢献を志向するなら、個々人それぞれの思いに従って、出しゃばり過ぎない「謙虚」な態度で、いままでの経験を社会で役立て、還元すればよい。好ましい生き方とはこのような生き方であると私は思っている。

好ましくない生き方とは、一言でいえば、いわゆる「老害」をまき散らす、まき散らしかねない生き方である。一般的に、人間は年を重ね老齢になるに従って、何事に対しても「柔軟性に欠ける」傾向にある。言い換えれば、身体的にも精神的にも「硬直的性状」が進行し、頑固・頑迷になりかねないということである。老年期にある人は誰でも、自分の若い頃の心情や行動を思い浮かべ、いまの自分は、総じて柔軟性に欠けてきていると感じるはずである。

一方で、世の中（現象世界）は無常であり、人々を取り巻く環境は常に変化している。人々が「生きる」「生きていく」に際しても、そのときの環境に柔軟に適応した諸対応をしていくことが、特に社会との関わり合いにおいて大切になる。老年期における柔軟性の欠如傾向と過去の成功経験（体験）が、ややもするとこれを妨げる要因として働くことがある。その結果として、自分の考えや行為が常に正しいと思い込む頑固・頑迷さや、過去の経験を美化することによって、他者や社会に迷惑をかける、老害をまき散らすといったことが往々にして起こり得るのである。このような性向をもった生き方は、好ましいとはいえない。

また、自分が自由に使える時間をふんだんにもっていると、前記の自分らしい生き方ができる一つの大きな条件を充たすということとは裏腹に、なすべきことが見出せず「退屈」に陥る危険もある。一般に人間は退屈すると、それを紛らわすために、碌《ろく》なことを考えない、とんまなあるいはとんでもない行為・行動をとりがちである。世の中を見渡すと、退屈ゆえになされたといえそうな、この種の出来事がしばしばみられる。老年期におけるこのような退屈しのぎの生き方もまた、好ましいとはいえないそれである。

では老年期はどのように生きるのが善いのだろうか。老年期にあるほとんどの人は、生計を立てるために働くことや、社会的責務に基づいてなさねばならないもろもろの義務的行為から卒業し、ほぼ解放された状態にある。それらは次世代の人々に委ねられている。委ねたこと、委ねるべきことについてはいつまでもしがみつくことなく、これを放擲《ほうてき》し、ややもするともたげてくる老害的な意味での出しゃばりや、干渉は差し控え、次世代の人々に任せる。そうすることで自立した個としての自分の生き方に専念する。これは、心身の衰えに付き合いつつ、自分の思いに忠実に、その人なりの「生き方」を淡々と着実に履行して、その人なりの人生の完成に向けて歩むということである。これを真摯に真剣に履行していけば、退屈を感じる暇はないはずである。

この履行にあたって留意しておくべき心構えとしては、「謙虚」であることだと思う。教養の涵養に関していえば、個々人の自然な思いに従って、【やり方A】を選択しても【やり方B】を選択してもよいと思われる。老年期にある個々人は、こうしてより一層の教養を積みながら自分の「生き方」を貫いていけば、人生における最も安穏《あんのん》な時を過ごして、それなりの充実感・幸福感をもって人生の終わりを迎えることができると私は思っている。

また、社会に対する関わり合いにおいては、自分の考え、いままでの経験から得た知識、対処法などが現在の環境に適合したものなのかを常に自省しつつ、社会にできるだけ迷惑をかけないように、そして、役立つように控え目に側面支援していく態度・姿勢で現役世代に接していくのが賢明であろう。

人格の陶冶に向けて

個々人の人格のあり様は、さまざまな要因から構成されている。その要因を大別すると、生得的な要因、すなわち遺伝的要因と、学習と経験に基づく後天的な要因の二つになる。これを人格の陶冶の観点からもう少し掘り下げておきたい。

遺伝的要因においては、人格をある意味でそれとほぼ同義の「性格」ないしは気質に置き換えて、もって生まれた性格に規定されてなる心映え・精神のあり様がいかなるものであるかによって、その人の人格の内実が決まるといえる。

近年の脳科学（ゲノム脳科学、行動遺伝学など）の研究は急速に発展しており、人間の性格（や知能）は遺伝に大きく影響されることが分かってきている。たとえば遺伝的要因が働くことによって、生まれながらに他者に対する信頼、共感、思いやり、謙虚さといった徳性に富んだ性格の持ち主は、教養の涵養云々《うんぬん》などを殊更持ち出さなくとも、倫理・道徳的な精神のもとで自ずと人格者と呼べるような振舞をするようになるに違いない。このような人は稀《まれ》な存在だろうと思われるが、生得的に高邁な人格を備えており、人格の陶冶が自然になされている人であるといえる。

後天的な要因には、大きくは学習と経験の二つがある。学習も経験の一種といえるが、ここでの学習は、知を学び真っ当な知識を獲得することとして、多くの場合、実践（行為・行動）を通して外界との相互作用の過程を踏む経験全般とは、便宜上、区別しておくことにする。ここでの論旨に照らしていえば、学習が人格の陶冶に繋がるという場合になる。

次に経験についてであるが、一般的にいって、ある人がなす行為やその内容は、その人を取り巻く環境（自然環境、生育環境、社会環境など）の影響を強く受ける。ある人がどのようなかたちでどのような経験をするかは、その人を取り巻く環境と密接に関連しているということである。ここではそのことを心の片隅において、経験が人格の陶冶に繋がるという観点からの経験のあり様を問うことになる。また、学習と経験がほぼ同等に働いて、教養と人格の陶冶がなされるとする見方もできる場合がある。以下、これらについて若干の考察をすることにしたい。

学習する、学ぶ、学問するのは、ここでの論旨に照らしていえば、人類が営々と築いてきた「知」を探索し、考えながらこれを身に付けるためである。また、学びから得られた「知」を糧にしながら、その人独自の「知」を見出すこともあり得るだろう。そして身に付けた知・知識はその人の教養になる。学習、さらにいえば道楽学問を通して得られた知識や見識は、当然のこととして、その人をより精神の高みへ、倫理・道徳心の涵養に、高邁な心の獲得へと誘う。そこにあって、ある人がどのような教養を身に付けているかは、その人の人格を構成している主要要因の一つであるといえる。教養の深耕は自ずと人格の陶冶に向かうだろう。その意味で、教養の深耕ないしは涵養の度合いと人格の陶冶は比例関係にある。このような観点に立てば、教養を涵養するとは、教養に関わる学問分野を学び自分のものにすることであり、それはとりもなおさず人格の陶冶をなすことであるともいえるだろう。

いろいろな経験を通して人格の陶冶を図るには、日々の営みの中でいかに行為・行動し、そこから何を得るかにかかっている。

経験とは、実践を通して外界と接して相互作用することによってなされるものだとすると、個々人が接する外界の対象は大きく「もの」と「他者」に分けられる。もちろん、ものと他者に同時に接する場合が多いだろうが、接し方や相互作用のあり様は、対象がものと他者ではそれぞれで異なる様相を示すことになるだろう。

対象がものの場合、たとえば自然界に接することで、自然の織りなす造形美や偉大さ、えもいわれぬ秩序性や調和性に驚嘆の念を抱いたり、逆に、時になす凶暴さに遭遇して自己の無力感とか小ささを実感したりする。自然から多くのことを経験し、学ぶことが心のあり様に影響を及ぼし、その人をして人格の陶冶に誘うことも大いにあり得る。また、古来より現在に至るまでの歴史的遺物や芸術作品に接した場合も、同様のことがいえるだろう。

他者（ひいては社会）との相互作用に目を移す。

人間は社会的動物であり、ほぼすべての人は一人で生きていくことはできない。個々人は日々の営みの中で他者（さらにいえば社会）と関わり合いながら、それぞれの生を養っている。個々人はそこで直接的に接する、あるいは各種の情報媒体を介して間接的に接する、他者の考え・考え方を知ったり、心のあり様を感じ取ったり、さまざまな行為を目にし、影響を受ける。

このような対人的・対社会的経験の中で、たとえば、個々人は琴線に触れるような他者の考えや高邁な心映えに心を動かされたり、倫理・道徳的行為に感銘を受けたりする。逆に、これとは反対の考え・考え方や心映え、非倫理・道徳的行為に遭遇することもあるだろう。

前者の経験は、その人の人格の陶冶の糧になる。後者の経験はこれを反面教師として反省の糧にすれば、やはりその人の人格の陶冶の糧になるだろう。そしてこれを自分のものにできれば、それはその人の人格をより優れたものとすることになる。経験を人格の陶冶に繋げ、それを新たな経験の場に反映するというサイクルを回し、より高みの人格の陶冶を図ることが大切になる。それはその人が豊かで実りある人生を歩んでいる一つの証左にもなるだろう。

書道、華道、茶道などのいわゆる「諸芸諸能の道」の習得においては、出来上がった作品の良し悪しのみならず、一般にその過程を通しての身のこなし方など、行為の一定の形式が重要な要素を占める。これを人格に絡めていえば、これらの道の学習と経験（行為・行動のあり方）とが同等に相俟《あいま》って働き、その人の人格の陶冶に影響を与えるといえるだろう。そして、これらの道に精進した人の所作、動作の型、立居振舞や作品には、多かれ少なかれ、その人の精神（教養に裏打ちされた人格）のあり様が投影されているといえる。

最後に、一般人にとっては特異な経験に関わる、本格的な精神修行とでもいえる行為について触れておきたい。私にはこの種の経験はまったくないが、それは仏道などにおける厳しい修行にみられるものであり、そこには修行ごとに決まった型・作法・やり方がある。この種の修行は、学問・技芸などを習い身に付ける修業を超えた行為・経験になる。そしてこのような修行を経て、たとえば「悟り」の境地に達すれば、それが、世の中を自由自在に飛翔して障《さわ》りのない、人格の陶冶を成し遂げた人格の究極的な姿といってよいかも知れない。

いままで述べてきたように、人格の陶冶は教養・教養の涵養のみならず、人間のさまざまな生の営み・実践を通してなされていく。また、人格はその人のもっている性格・気質にも影響される。従って、教養人は人格者である、人格者は教養人である、とは必ずしもいえないと思われる。そうだとしても、教養を積めば積むほど、それは人格の陶冶に反映されるだろうし、人格の陶冶に至るどんな道筋の中にも何らかのかたちで教養と呼べるものが入り込んでいるのも確かだといえるだろう。豊富な教養が人をして、人格の陶冶に導く主要な要因になることは確かだろう。

それゆえに、われわれ一般人としては、教養の涵養に努め、そしてその成果を日々の営みの中での諸行為に反映させながら、同時に人格の陶冶へと繋げていく。道楽学問の射程は広く長いが、道楽学問を狭義に解釈すれば、このサイクルを淡々と着実に回していくことなのだろう。これが大切である。それが人生を豊かに実りあるものにしていく一助になる。

避けられない事象

本章の最後に、教養・人格にまつわる人生（一生涯）にみられる、至極当たり前ではあるが、ある意味で不合理で宿命的ともいえる事象に関して、私の思いのいくつかを綴っておきたい。

その一は、経験の蓄積と人生における時間経過（時間差）にまつわる宿命的な関係である。われわれは生きている限り、日々の営みを通してさまざまな経験をして、それを蓄積しながら年齢を重ねていく。一般に経験を積めば積むほど、知識、教養、識見、心の持ち様はいかにあるべきかといった、一言で代表させれば「智恵」が増していくはずである。そこでもし、個々人ごとに老年期に到達した智恵を、たとえば青年期の若いうちに持ち合わせていたとすると、その後の生き方も随分と変わっていたかも知れない。個々人が辿ってきた生き方とは違った、より善き生き方ができていたかも知れないということである。

私個人として、ふとしたことからこんな感懐を抱くことがある。先輩・先人の知恵を学ぶことによって、この経験と時間差のギャップを多少なりとも埋めることが可能になるはずである。その意味で、若いうちに読書などを通してさまざまな分野の知識を吸収し、それをもとに考えつつ教養の蓄積、ひいては人格の陶冶に努めることは非常に大切なことである。また、乳幼児期からの教育や大人が子供にどのように接するかは、ここでの意味合いからも、極めて重要といえる。

その二は、身体の旺盛期と心の円熟期には時間差があるという宿命的な関係である。これは、その一と同様のことを別視点からみた場合に相当し、一般に心の円熟期と身体の旺盛期とが同期することはなく、そこには時間的ギャップがある。このギャップを最小化するには、その一と同様のことが要請される。

その三は、個人と社会との関わり合いに目を向けた場合の一例としての、諸般の事情で恵まれない境遇にある人々とその人々を援助、救済すべく諸制度を立案し、実施に移す人々との関係にまつわる、ある意味で不合理で宿命的な関係についてである。

たとえば世の中には、自己責任に帰するには酷な何らかの社会的要因に翻弄《ほんろう》されて、困窮に陥っている人、格差を被っている人がいる。このような人に対しては社会が何らかの援助や救済をすることが求められる。そのための施策・対策を考え制度化し、実施に移す諸過程を担う人は、総じて恵まれた状態にある人々である。

特に制度化に至る源流に関与する人々は、それぞれの道での知識・識見を備えた有識者とかリーダー的存在である。ないしはそう見做されている人々なのであろう。それに伴ってややもすると、援助や救済を必要とする人々がもつ痛みや、いかに生きたいのかという真っ当な思い、あるいはその人々の置かれた立場・状況から乖離《かいり》してしまう。いわば、上から目線的な理屈に偏重した対策・制度化がなされてしまう危険性がある。私は事実としてそのようなことが散見されると感じている。

それを避けるには、経済格差や貧困に陥っている人々の思いを肌で感じる、そして、そうなった本質、要因を見極め、当座の対症療法的施策と本質的・根本的施策とが調和した道を探究し、それを推し進める姿勢・態度がより一層求められると思える。そのためには教養の涵養と人格の陶冶が欠かせない一つの要因となるだろう。

教養を積み、人格の陶冶を図ることは、個々人が豊かで実りある人生を歩む一助になるのみならず、より善き社会、誰もが幸福である社会を構築していくためにも大切なことになる。教養・人格（教養の涵養と人格の陶冶）にはこのような意味合いもある。

第三章

道楽学問の意義と効用

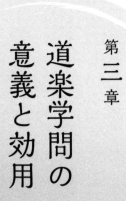

本章では、既述の内容と一部重複があるが、道楽学問の意義と効用について私が思っていることを記しておくことにしたい。

道楽学問の意義

われわれが生を営んでいる現象世界を現に構成している、そして今後生起するだろうものごと・森羅万象に対して、それらをそうあらしめている根本的・根源的な本質や理法は何かを見極めることが非常に重要である。

それによって、われわれは近視眼的な見方・風潮といった雑音に惑わされることなく、ものごとに適切に対応し、対処できるからである。

「道を楽しむ」の意を込めた道楽学問に真摯に真剣に取り組んでいけば、ものごとの根本をなす本質を捉えることができる、あるいはそれに肉薄することができると私は思う。

道楽学問をしている人に焦点を当てれば、その人はある意味で、「教養を涵養し、人格の陶冶」を志向し、実践している人であるといえるかも知れない。

この観点を加味して述べれば、次のようにいい得る。

知を探索し教養を積みつつ、日々の営みにおける諸行為と関連づけながら考え、それに「反省」を加え、道を楽しむ。これが人生の糧になる教養の涵養と、人格の陶冶に向けての道楽学問の内実をなす。

道楽学問を通して得られた教養や人格は、その人にとって日々の営みにおけるものごとに適切に対処できる源泉として働き、その人がなすそのときそのときの行為を適切なものにする。かくして人生を豊かで実りあるものへと誘うことになる。言い換えれば、「善き人生」「より善き人生」を歩むことができ、ひいては「幸福な人生」を具現できる一助になるだろう。これが道楽学問の一義的な意義になる。

といって、個々人にあっては、その人の性格や取り巻く環境、その人が関与している職業分野などによって、それぞれの生き方・人生がある。個々人がどのような人生を歩むかは、基本的にその人に委ねられているのであり、自分の責任で判断し、思い定めるしかないだろう。そうして歩むそれぞれの人生の中に、その人なりの道楽学問を組み込めば、その中身や意義は千差万別の様相を呈することになるだろうが、その人なりの道楽学問は、人生を豊かで実りあるものにする一助になる。

道楽学問の内実がそれぞれの人によっていかなるものであろうとも、道楽学問には、基底として共通する前述のような一義的な意義がある。私はこんな風に思っている。

主要な効用

道楽学問にはどんな主要な効用があるかについて、まとめを兼ねて整理してみる。それぞれの人が志向したどのような道楽学問にしろ、それを真摯に真剣につづけていけば、主に次のような効用が生まれる。

その一は、教養が身に付くという効用がある。とりわけ道楽学問にあっては、人生を基礎づける知に関わる教養の涵養が期待できる。言い換えれば、ものごとをそうあらしめている本質的・根本的な洞察力を養う、教養の涵養が期待できる。

その二は、教養が誘因となって、その人をして人格の陶冶に繋がるという効用がある。道楽学問を通して「教養」を積めば積むほど、ものごとに適切に対処するための、あるいは倫理道徳的な道に合致した行為をなすための、多くの選択肢からなる「引き出し」の数が増える。これは、当然、その人をして人格の陶冶に導く。

その三は、その一とその二の帰結として、ものごとに的確に対処できるようになるという効用がある。教養を積み人格の陶冶がなされれば、当然、ものごとに的確に対処できるようになるだろう。そこにおいて道楽学問は、道を楽しむことに意識、力点が置かれている。道楽学問を推し進めることによって、「道」に合致した的確な対処が、自ずとできるようになるだろう。

ちなみに私は、そのような対処とは、いかなる場合においても「中庸」にあると思っているが、私の好みも手伝って、中庸と同義の意味合いをもつ「中道」なる言葉を用いて、普段「ものごとに的確に対処するは中道にあり」と表現している。

以上のような効用が道楽学問の主要な効用といえるが、その他にも付随的ではあるが、人々の日々の営みに直接的に関係する効用がいくつかあると思っている。以下、それについて記すことにしたい。

付随的な効用

前述の主要な効用は、いわずもがなの効用であり、見方によっては意義といってもよいものである。このような観点に立てば、ここで述べる付随的な効用こそが道楽学問の道楽学問たる効用であるといってよいかも知れない。ともあれ、私なりの道楽学問の経験も通して思っている、付随的な効用を記すことにしたい。

道楽学問を実践する青年から老人に至るすべての人に対しては、次のその一からその三までの三つの付随的な効用がある。

その一は、道楽学問には終わりがないという効用がある。通常、ものごとはそれが達成されればそこで終わる。道楽学問にあっても同様なことがいえるが、第二章で述べたように、道楽学問ないしは教養に関わる学びの対象分野は多岐にわたり、その対象も数え切れないほどある。一般人はもとより、どんなに能力に恵まれた人でも、それらのごく一部を学び得るに過ぎない。道楽学問の射程は広く長いのであり、そこには常に新たな精神の糧となる道楽学問が待ち構えている。

その意味で、豊かで実りある人生を歩む一助になる道楽学問を始めて、その楽しさ・面白さや有用性に気づけば、それに動機づけられたりして、日々新たで終わりのない道楽学問の旅を、自ずと一生涯つづけることが可能になるだろう。

その二は、道楽学問は基本的に一人でできる、どこでもできる、いつでもできるという効用がある。たとえば読書会の集まりがあるように、道楽学問の会を設立し、集団で実践するということがあってもよいだろう。しかし、道楽学問はいろいろなことを一人で調べたり思い考えたりすることが多いので、基本的に一人でできるのは有り難い。一人でする方が便利なことも多い。そして一人でできるので、自分の意志や裁量でいつでも、どこでもできるということになる。

道楽学問の実践には、外部からの制約がほとんどないというメリットがある。また、他者に迷惑をかけることもほとんどないといってよいだろう。

その三は、費用（お金）がそれほどかからない、下世話な物言いをすれば、コスト・パフォーマンスが高いという効用がある。

道楽学問では、それに関わる有用な情報を得ることが一つの重要な要件になる。そのためには、書物を購読する、専門分野を扱っている雑誌を購読する、新聞を購読する、パソコン・スマートフォン・電子辞書といった電子機器を身近に置く、といった費用がかかる。また、自然遺産や文化遺産に触れるための旅、自然や文化に触れるために博物館などに行く、文化芸能を鑑賞するために劇場に行く、といったことも必要かも知れない。これにも費用がかかる。

といってこれらは、書籍類の支出が増えるといったことを除いて、日々の生活全般にわたって必要になる費用であり、殊更道楽学問にかかる費用という訳ではない。道楽学問では、その意図する方向に適《かな》ったかたちで、手元にあるもの・身近にあるものを活用するということがメインになる。道楽学問のために固有に必要となる費用の発生はほとんどない。

その一方で道楽学問は、その人の人生を豊かで実りあるものにし得る大きな一助になる。

老年期に当てはまる効用

つづいてその四とその五は、青年から老人に至る成人全般にも当てはまるが、とりわけ、人生百年ともいわれる超高齢社会にあって、社会の第一線を退いた後の長い年月を謳《おう》歌《か》し得る立場にある老年期、言い換えれば林住期にある人々に対していえる付随的な効用になる。

その四は、「退屈」から自ずと解放されるという効用がある。退屈は人をして善からぬことに走らせる誘因になりかねない。

一部の人なのだろうが、社会の第一線から離れた昔の職場の同僚や後輩たちの集まりなどに顔を出すと、退屈でやることがなくて困るとか、趣味三昧で何かをしようとしていても、ほどなくして飽きたり終わったりして、特にやりたいこともなく困るといった話を聞くことがある。ただ退屈しのぎにそんなことをやっているのではないかと思える人に会うこともある。

その点、道楽学問には終わりがないので、そのようなことは先ずあり得ない。私は私なりの道楽学問を生活の一部に組み込んで淡々とつづけているからか、自ずと退屈から解放されている、退屈している暇がほとんどない。私にとってこれはとりわけ有り難いことである。ちなみに、私もその一人であるが、超高齢社会を迎え、一人暮らしの老齢者が増え、よく話題に上る「孤独」に関わる諸問題も、道楽学問によって退屈から解放されれば、同時に、その相当部分は解決・解消するだろうと思われる。

その五は、脳力を維持・増進できる可能性がある。一歩譲ったとしても、脳力の衰えを抑止できるだろうという効用がある。言い換えれば、道楽学問は脳のトレーニングになる。

心身（心と身体の機能）は、使わなければ確実に衰えてくる。心の衰えは脳力の衰えと言い換えてもよい。特に高齢になればなるほど、それは顕著になる。身体機能を維持・増進する、ないしはその衰えを抑制するには、運動などによって身体を使いつづけることが要請されると同様に、脳力を維持・増進する、少なくともその衰えを抑制するには脳を常に使い、働かせることが大切になる。道楽学問はそれにうってつけであると思う。
道楽学問では、たとえば、いろいろな分野の書を読む、新聞や教養的雑誌に目を通し、気になる記事の内容をさらに調べてみる、そして、考えることを定常的につづけることになるが、それは脳を使い働かせていることになる。道楽学問は、高齢になるにつれて避けられない知能低下や、老化などに伴う脳疾患としての認知症それ自体は防げないかも知れないが、老齢化に伴って現れてくるさまざまな負の心的現象を少なくとも抑止ないしは遅延させることが期待できる。

道楽学問には、以上のような捨てがたい付随的な効用があると私は思い、かつ、実感している。

第四章

道楽学問を実践する上での留意点

本章では、道楽学問を実践する上での留意点について、私の思っている一般的なことを書き記した後、道楽学問の実践において向き合うことになる個別的なものの代表として「読書」と「ネット情報」を取り上げていく。

本章で述べるようなことに留意して、その人にとって無理のない（自然体の）適切な道楽学問の「やり方」を見出し、実践していけば、それはその人の人生を豊かに実りあるものにする一助になるだろう。

基本となる留意点

道楽学問を実践する上で基本となる留意点として、私は次の二つがとりわけ大切であると思っている。

その一は、はじめから道楽学問に没入できる人は別にして、楽しそう、面白そうなことに接して学んでみようというくらいの気持ちで気楽にやる、淡々と着実に遂行していくことが大切である。道楽学問について、話の都合もあって小難しそうなことを記してきた気もしないではないが、道楽学問を大仰《おおぎょう》に捉え、考えてばかりいると日が暮れてしまう。先ずはできるところから始めてみるということである。

たとえば、その人の性格や生き方に即して興味ある対象から始め、広範囲な学びの対象へと徐々に歩みを進める。そして、広範囲な対象に向かうに際しては、個々の項目は短文からなる網羅的な教養書を繙《ひもと》いてヒントを得るといったやり方がよいかも知れない。要は、道楽学問に多少なりとも抵抗のある人は「学ぶより、学ぶことに慣れる」の精神で始めるとよいということになる。

その二は、「継続は力なり」といわれるが、道楽学問はとりわけ「継続する」ことが大切である。道楽学問の果実を自分のものにする、言い換えれば教養を涵養し人格の陶冶に繋げるには、付け焼き刃のようなやり方では不可能なことは自明で、「継続する」ことが必須の要件になる。ものごとを無理なく容易に継続できるようになる秘訣の一つに、それを「習慣」にするということがある。「習慣は第二の天性なり」といわれるように、習慣は人間の性行に深くしみ込んで、生まれながらの性質のようになる。これは道楽学問の継続にも当然、当てはまる。

では、どのようにして習慣づけるのがよいのだろうか。習慣づけの特効薬はないだろう。それぞれの人には、生きていく上で日々優先してしなければならないことがいろいろある。道楽学問に充てられる日毎の時間には長短があるだろうが、とにかく生活の一部に道楽学問のための時間を組み込み、できる限り毎日、道楽学問をすることが重要である。

それをつづけていくことで、道楽学問の楽しさや面白さが感得でき、やがてそれが習慣となって定着する。ひいては道楽学問を継続して、遂行していくことができるのではないかと思う。

付随的な留意点

基本となる留意点に加えて、以下に順不同で記した①から⑤に留意しておけば、それが道楽学問の実践の過程で何かと役に立つと私は思っている。

① ある事柄を学ぶに際しては、常にそれのよって立つ本質・根本・根源を見定めようとする態度・心構えでその対象に向き合うようにする。

② 知的好奇心の充足でもよいが、むしろ「実学」の側面に重きを置く。道楽学問を通して得られた知を日々の営みの中で実際の行為に応用してみる。そして、その結果を反省して次に活かすようにする。また、思考実験でもよいから、その思い・考え方のもとで実際に行為・行動したらどうなるかを考察する。

③ 外出するときなどには、筆記用具の類を常に携行して、ふと思いついたことや感じ

たことなどを忘れないうちに書き留めておくようにする。そして落ち着いたところでそれを吟味してみる。意外な発見があるかも知れない。

④　倦《う》んだら適当に「息抜き」をする。

⑤　考えなどが堂々巡りしたり行き詰まったら、そのときは止《や》めて、時間差を設けて次の日に再考するといったようにする。

以上のようなことが、私が思っている道楽学問を実践する上でのいわば付随的な留意点になる。

ところで道楽学問では、当然のことながら、いろいろな機会や各種の情報媒体を通して知に関わる情報を入手する必要があるが、それらの情報源の中でも重要で、容易にアクセスできるのが「読書」と「ネット情報」である。道楽学問との関連からいえば「読書」は教養の主要な吸収源であり、「ネット情報」に対してはこれといかに上手く付き合うかが課題になる。

読書と道楽学問

道楽学問には読書が欠かせない。読書は教養（道楽学問）の主要な吸収源であり、読書を効率的にすれば、それだけ道楽学問も実り多いものになる。ここではそんな観点から、読書にまつわることについて、私の思っていること、実践していることを記しておきたい。

「読書」のよいところは、一人でできる、本は一般に持ち運びも容易なのでいつでもどこでもできる、本は一般に比較的安価なのでそれほどお金がかからない、などである。本を読むことは、ある意味で「疑似体験をする」「時空を超えて先人と交流する」ことでもあり、知識ひいては教養を身に付ける上で安直かつ効率的な利点を備える有用な手段になる。

また、現在では一般の読者がいろいろなジャンルの書物に容易にアクセスできる環境が、昔と比べ格段に整備されている。教養を積むのに役立つという観点からいえば、自然科学・社会科学・人文科学といったさまざまな分野の入門書・解説書から、一般人ではややとっつきにくいような専門書まで、その道の専門家によって上梓されている。

外国の専門家による多くの優れた書の翻訳書や、国内外の古典や名著といえる多くのジャンルの書物の校注書・訳注書・翻訳書も出版されている。古語や外国語といった、言語が壁になって一般人が原著では読めない、読むのが困難な国内外の多くの書物が、現代日本語で読める時代が到来しているということである。

これらの書物の中には、かなり大きな書店でも陳列されていないものも含まれるが、ネットで検索すれば容易にみつけることができるし、取り寄せることもできるようになっている。印刷物としての本のみならず、電子書籍の形態も普及している。このように誰でもいろいろなジャンルの書物に容易にアクセスできる環境が現在は整備されている。にもかかわらず、膨大な情報がネット空間を飛び交い、かつ容易に情報入手できることもあってか、「読書離れ」が進んでいるのは気がかりなことではある。

実りある読書の仕方

恵まれた環境下にあっていろいろな書物に触れ、それをより実りあるものにするにはどのようなことに留意すべきなのだろうか。どのような読書の仕方がよいのだろうか。これに関して、若干の関連事項を含めて、私が思っている、心掛けている、実践していることの一端を、教養の涵養といったことも踏まえながら述べると、次の①〜⑥のようなことがある。

①本の難易度によって読むときと場所を変える

書物は、その人にとって内容は難しそうだが得るところも大きいと思われる「内容の濃い書」「難解な書」と、ある種の随筆や名言・箴言《しんげん》集のような一文が比較的短文で読むのにさほどの時間を要しない書と、娯楽書・ノウハウ書に分類して用意しておくとよい。

難解な一群の書は、じっくりと考えながら読む。短文から構成されている書は、難解な書に読み疲れたときとか、細切れの時間や通勤時間を有効に活用して読書する。娯楽書・ノウハウ書の類は、当然のことながら直接的には教養云々から離れて、楽しむことが有効と判断できれば、それを実用に役立てるといった観点から読書する。こんな読書の仕方がよいと思っている。

単なる錯覚かも知れないが、私は書物の内容によって、使われる脳の部位が違うように感じることがしばしばある。ここで述べたような読書の仕方が、時間を有効に使うことになるとともに、読書疲れを最小限に抑えて広範な書物に親しむ上で効果的であると実感している。

②同類のテーマの書を複数読む

一般的に、同類のテーマを扱った書がいくつか出版されているものである。必要に応じて、著者が異なる同類の書を併せて読むのが有益な場合が結構ある。同類のテーマを扱っていても、著者によってそのテーマに対する見方・立脚点や主張する内容が異なっている場合が多々あるからである。複数の同類の書を比較しながら自分なりに批判しつつ繙けば、当該テーマの理解が一層深まることになる。特に、その人にとって「内容の濃い書」「難解な書」においては、時間的な制約があるにせよ、できるだけ同類の書を併読するように心掛けることが大切であると思う。

③難解なものは数時間、一日、数年置いて再読する

本を読んでいて、述べられている内容が難解ですっきりしない、よく分からない、誤解しているのではないかといったもどかしさがある場合、その箇所とその周辺を再読、再再読するとよい。そして、繰り返し読んでも堂々巡りするようなら、時間を置いて、たとえ

ば一日置いてから再読すると有効なことが多い。最初ははっきりしなかったことが違った見方や解釈に至るとかを通して、その意味するところが分明になり疑問点が氷解することがある。

このようにして書を読み、納得できたときは楽しい瞬間を味わえるものである。さらに加えれば、内容に興味をそそられた書は、その人なりに人生経験を積んだ後、たとえば数年後に再読してみると、そこに新たな心象風景が立ち現れるかも知れない。なかんずく難しい書物には、このような面白い、楽しい側面がある。

④人生の各期に応じた読書の仕方をする

人には人生の各期において、学ぶこと学ぶべきことがある。それに同期して人生の各期にどんな書物を読むべきか、読むのが好ましいかもほぼ決まってくるといえるだろう。人にはそれぞれ人生の各期で相応しい読書の仕方・形態があるということである。たとえば老年期になると新しい課題のもとで、それに役立つだろうと思われる難解な書を繙いても頭がついていけなくなる。一方で、その種の書に若いうちに接していて、老年期にそれを再読すると、そこに人生経験が加味されて、一層味わい深いかたちで甦《よみがえ》るといったこともあるだろう。

⑤自前で購入して印をつけながら読む

本は自前で購入しなくとも、たとえば図書館で借りることもできるが、一般的にいってできるだけ自前で購入することをすすめたい。

特に教養を積むのに役立ちそうな書物、これを「教養書」と呼べば、それは自前で購入するべきと思う。教養書の理解を深めるためには、一般に精読する必要があるし、書き込みや傍線を入れたくなるのがしばしばであるが、借りた本ではそれができない上、その種の書あるいは感銘を受けた書は、後に再読したくなるかも知れないからである。

自前で購入した書には、せっかく購入したのだから読もうと思う駆動力が多少なりとも備わっているともいえる。また、気になるがいまはそれを読む時間がないという場合も、購入して積読《つんどく》しておくこともすすめたい。

⑥思いついたことは常にメモをする

すでに触れたことで読書に限ったことではないが、常に簡便な筆記用具を持ち歩くことを習慣化するようすすめたい。読書中はもとより、散歩しているときとか移動しているときなどのふとした折に、何らかのアイデア、疑問に思っていたことに対する解決の糸口などが浮かんでくるものである。それを忘れないうちに書き留めておくと、後に役立つ場合が多々あるからである。

老年期にあって自分の時間のほぼすべてを自由裁量できる状態にある私にとって、「読書と思考」は、それに疲れたらボーッとしていられる。このことを含めて、退屈しないで済む、他者に迷惑をかけることもない、当然のことながら一人でできる、一生涯つづけていけるだろう、といった副次的効果があると実感している。

ネット情報にまつわる問題点

現代における情報通信技術（ＩＣＴ）の発展には著しいものがあり、将来にわたって一層高度化していくことも間違いない。これは、従来の各種の情報媒体に電子情報が加速度的に加わり、それが大きな役割を演じ、情報に関わるパラダイムの変革を意味しているといえる。現代はインターネットを介しての膨大な情報が世界を駆け巡っている。このいわば別種の「情報氾濫」の時代の情報には、以前にも増してそれへの接し方いかんによって、個々人の生き方、ひいては豊かで実りある人生を歩んでいくあり様に影響を与える可能性がある。

ＩＣＴに基づく文明の利器によって、誰でも容易に世界中に情報発信できるし、世界中の情報を容易に入手できる便利な世の中になった。ネット検索すれば欲しい情報のほとんどが簡単に入手できる。いろいろな情報システムのもと、各種の情報端末を用いて、文字、音声、画像、動画といった多彩な情報の発信・入手ができるし、電子商取引も容易にできる。知り合いはもとより、面識のない人とも双方向での情報のやり取りが瞬時にできる。かなりの仕事・用事は、居ながらにしてあるいはどこからでも、ネットを介して遂行することもできる。これらはわれわれの諸活動における時空の制約を軽減し、さらにいえば、それを解放することになる。

このような文明の恩恵を享受しない手はないが、その一方で、そこには恩恵とは逆の多くの問題点も包含しているといえるだろう。それには、次の①～⑤のようなことがあると私は思っている。

①自分の興味関心に限定された情報になりやすい

個々人がネットで検索し入手する情報は、一般に限定された情報になる。それは、もちろん有用であるが、当座自分の興味ある情報を得ることでよしとしてしまい、多面的なものへのアクセスやその見方の涵養が阻害される要因にもなる。また、検索しさえすれば簡単に情報入手できるので、考えることをしなくなる傾向を助長しているように感じる。いってみれば自分の殻に閉じこもり、広い範囲の事柄に思いを馳《は》せることなく「上っ面だけみてすべてが得られた」と納得してしまう視野狭窄《きょうさく》の方向に人々を導きかねないということになる。これでは教養の涵養には繋がらないだろう。

②情報に振り回されると時間を浪費してしまう

場合によっては、情報に振り回され時間を浪費してしまう要因になる。電車に乗ってあたりを見回すと、多くの人がスマホ（スマートフォン）と睨《にら》めっこをしている光景に出くわす。殊更何をしているのか覗《のぞ》いたことはないが、ネット情報の閲覧、スマホゲーム、メール、SNSなどをしているのだろう。歩きスマホが問題にもなっている。これらの行為を全面否定する気はさらさらないが、それでも私は、多くの人が同じことをそれぞれが孤立して黙々としている状況に、ある種の異常な感じを受けるとともに、いたずらに情報に振り回され時間を浪費しているのではないかとの思いを拭《ぬぐ》い去ることができない。人間精神を劣化させるのではないかと些《いささ》か心配になる。

③カタカナ言葉などの乱用に繫がる

情報が国際化しているせいなのか、やたらと横文字（カタカナ言葉）や略号があふれている。そうならざるを得ない側面があるのは認めるにしても、一体何を表しているのか戸惑うこともある。また、実際は陳腐な言葉や論述であったとしても、横文字が含まれていると何やら高尚なことを意味しているとか論じているようにみえたり、新規の概念を提唱しているように思えてしまったりする場合があるようにも思われる。このことは、当然、ネット情報にも当てはまる。

ネット情報には、字数制限とか即時性が求められるといった側面があるからか、何の説明もなくカタカナ言葉とそれを略式化した言葉を用いた文章や、簡略化され過ぎた舌足らずな表現が散見される場合もかなりある。これは特に、若者の間でのネット情報のやり取りにおいて顕著であるように思われる。これらに起因して、ネット情報には何をいっているのか分からない、あるいは誤解を招きやすい危険性が伏在《ふくざい》しているといえる。ひいては軽薄で上っ面だけみてよしとする傾向を助長しかねない。

言葉（言語）は生きている。言葉はその時代時代のあり様を反映して変容を遂げていく。そうではあっても、カタカナ言葉や略号を安易に用いる、未消化のまま使用する、度を越した乱用をするといったことには問題がある。

ほぼすべての日本人は日本語でものごとを考え、日本語でコミュニケーションをする。カタカナ言葉や略号の乱用は、日本語の乱れの一因になり、ひいては日本人の精神の劣化に繋がりかねない。

④匿名性の高さゆえに虚偽情報が氾濫する

ネット情報は誰でも発信できるし、匿名や偽名での情報発信も容易にできる。それに伴い、大部分のネット情報はまじめで真っ当なものであろうが、玉石混淆《ぎょくせきこんこう》の情報があふれることにもなる。その中にはデマやフェイクニュースも入り交じっている。詐欺を目的とした情報も行き交い、犯罪の温床にもなっている。また、国家機関・国際機関・企業などの特定のコンピュータネットワークを対象として、インターネット経由でそれらを破壊するサイバー攻撃が頻繁に起こっている。これによって個人情報・顧客情報・機密情報などが盗み出されたり、情報の内容が改ざんされたりしている。国境を越えてのサイバーテロも増加している。さらに、これらを総合的に利用することによって、人々をある方向に扇動・誘導する強力な手段にもなり得る。このようにサイバー空間（サイバースペース）は、ハッカーや犯罪組織から国家組織のレベルに至るまでの倫理・道徳的には悪しき情報戦の舞台にもなっている。

⑤情報格差が深刻化する

現代の社会システムは、何らかのかたちでＩＣＴの利用なしには成り立たないようになっており、今後も一層、世の中のあらゆるところにＩＣＴの果実が深く浸透していくことは間違いない。そこにはＩＣＴを使える人と使えない人との間に生じる格差、すなわち情報格差（デジタルデバイド）の問題がある。コンピュータやインターネットなどに対する習熟度や活用度の違いによって、情報の量や質に格差が生じるということである。人間のあらゆる活動には情報が密接に関与しているが、いまではインターネットを介して、各種情報を入手・発信できるのはもとより、ほぼすべての取引やサービスもネット上で行うことができる。それは、電子商取引を通しての物品の購入・売却、各種チケットの購入や旅行予約、金融取引・金融サービス、各種の行政手続きなどの行政サービス等々が、店舗や役所に出向くことなくできるということである。

そこにあって的確な情報をネット空間から入手・発信するのに困難な人、これを情報弱者と呼べば、情報弱者は、これらの文明の果実をほとんど享受できないことになる。また、情報弱者は、生計を立てる上で欠かせない就業機会を逃したり、待遇や報酬に差が出たりすることも十分にあり得る。スマホをもっていないと日々の生活に支障をきたす世の中になるだろうし、すでになっている気さえする。すべての人がほぼ支障なくICTを使いこなせればば直接的な意味合いでのデジタルデバイドはなくなるが、現実はそうもいかないだろう。

情報弱者が生じる要因には、経済的余裕がなくパソコンやスマホなどのICT関連機器（情報端末）を所有できない、ある種の障害を抱えた人にあっては情報端末を操作できないないしは操作に困難を伴う、ICT音痴の人もいるだろうし、日常の生活に追われICT機器を使いこなすための学習ができない、ないしはその機会に恵まれない等々がある。また年齢の問題もある。端的にいえば戦前および戦後すぐに生まれた老齢者にとっては、一般的にいって、ＩＣＴに馴染むのは大変だと思われる。

いまでは一人ひとりが保有して活用するのが当たり前のようになっているＩＣＴ機器は、この世代の人たちにとってはいわば脳の硬直化が始まった頃に新たなツールとして登場してきたものばかりで、それを使うとしても大半はその道の専門家（担当者）に委ねられていたものだからである。この問題は時間が解決するだろうが、少なくともこの世代に属する老齢者の中にはかなりの数の情報弱者が存在すると思われる。ちなみに情報格差は個人間のみならず、南北問題の一つとして国家間にもある。

ネット情報の問題回避と道楽学問

では、このような問題点に対処して情報と上手に付き合うにはどのようにしたらよいのだろうか。全体を通していえるのは、個々人が、うわべの情報に惑わされることなく、情報の意味するところを的確に捉え、見抜く、取捨選択する目を養うことである。そのためには、やはり個々人が教養を積み人格の陶冶に努め、それに裏打ちされた識見をもつことが要請される。情報を発信する側に立てば、情報の内容を倫理道徳に悖《もと》らないかを含めて十分吟味した上で発信するといった態度と行為が求められる。システムを構築する側では、ここで述べたような問題点を最小化できるような技術対応が常に求められることとなる。

言うは易く行うは難しの一般論を述べたが、これを大前提として、次に問題点を改善するにはどのような方策が考えられるかについて、私の若干の思いを綴っていくことにしたい。

①新聞で情報の視野を広げる

①の問題に関しては、新聞（全国紙）を読むことをすすめたい。特に若者の「活字離れ」「新聞離れ」がいわれている昨今であるが、新聞の全紙面に目を通し、興味がある、何か引っ掛かるような記事に出くわしたらその内容を読む。そしてその内容の中で特に気にかかるものについては、それに関する書物を繙いてさらに学んでみる。これを習慣化すれば、ここでの問題点の解消に大いに役立つと思う。新聞は、政治・国際的出来事・経済・科学・読者からの投書・ある事柄に対する解説・商況・スポーツ・娯楽・暮らしや教育・文化・地域情報・社会事象といった広範なジャンルをカバーしたニュース・情報を日々発信している。新聞は広い範囲のことを網羅的にみるにはうってつけの素材になると

いえるだろう。ネット情報もよいけれど、新聞を読むことを同時にすすめたい所以である。

②時間の有効活用について考える

②の問題に関しては、基本的にそれぞれの人がどう思うかに依存している。ただ、私の感懐も一面の真実をついていると思うので、多くの人がどんなことをすれば情報に振り回されることなく時間を大切に有効に使えるのかを常に考え、そのもとでの行為をなすように心掛け、実践することが大切であると思う。これを期待したい。

③横文字、略号は慎重に使用する

③に関しては、私は横文字や略号があふれすぎていると思っている。専門的情報を担う記者やその道の権威者とか有識者といわれる人が多くを占める情報を発する人は、誰でも容易に理解できるように、横文字や省略し過ぎの言葉はできるだけ避ける。略号を用いる場合には、同一の略号が異なったことを表していることも多々あるので、それが一般化している場合を除いて、最初に説明するように心掛ける。情報を受け取る人は、横文字は単

なる平易・一般的な言葉の言い換えに過ぎない場合が多々あるので、それの多用に惑わされることなく、注意して情報の内容を十分吟味する。いきなり見慣れない略号に遭遇したら、それを調べたり、文脈からこれを理解したりする。こんなことが大切であると思う。いずれにしても、やたらと横文字や略号を駆使した情報には惑わされないことが肝要である。

④都合のよい情報ほど注意して扱う

④の問題の大部分は個人レベルで対処できることではない。従って、ここで個々人が最も心に留め置くべきことは、正しい情報は活用するとして、どのようにして悪しき情報を特定し、遠ざけるかにあるといえるだろう。それには、サイバー空間を行き交う情報はすべて正しいのではなく、詐欺を働いたり世論を扇動・操作するといった意図があるフェイクニュースや、悪意のある情報も広く流布していることを常に自覚してネット情報に接することが先ずもって肝要である。

労せずして儲かるような話、ある種の欲望を煽《あお》るような話、よいと思われることしかいわない話、またある種の不安を煽るような話、このような情報には何らかの裏があると判断すればよいだろう。個々人はある情報に触れ少しでもおかしいと思ったら、一度立ち止まり、その情報の真偽を推し量る習慣をつけることが大切になる。

⑤自助と公助で情報格差をなくす

⑤の情報格差は、経済的格差を生むことになるというように、さまざまな実体的な格差を助長する要因になる。何事をなすにしてもそれに関わる情報の重要性は、たとえば『孫子』を繙くまでもなく、古来より一貫した真理である。些か大袈裟な物言いをすれば「情報を制する者は世界を制す」ともいえる。

そんな訳で個々人は、必要とする情報に疎《うと》いことで直接的にも間接的にも不利益を被らないように、すなわち情報弱者にならないように努めることが肝要である。

ＩＣＴ機器に抵抗を感じる人は、その使用法を学ぶに際しては、気楽に「習うより慣れよ」の精神でやれば何とか使いこなせるようになるものである。先ずは使ってみる。一度使いこなせれば便利であることが実感できるだろうから、以後はこれを積み重ねていけばよい。

経済的理由でＩＣＴ関連機器を所有できない人には、他者が支援し、誰でも使えるようにこれら機器を公共的な場所に設置する。ある種の障害のために世に出回っているICT関連機器を操作できない、操作するに困難を伴う人に対しては、身近にいる人が支援する。必要に応じて代わりを務めるのに加えて、そのような人が操作可能な機器ないしはユニバーサルデザインの情報端末を開発・製品化して世に出す。基本は自助努力にあるとしても、また費用の問題はあるにもせよ、このような施策を通して、すべての人が必要な情報にアクセスできる公平性を確保する基盤整備は社会の役割として欠かせない。

さまざまな情報が行き交う世の中にあって、とりわけネット情報と上手に付き合うという観点から、私の経験も踏まえながら思っていることの一端を述べた。その際の暗黙の前提には、できるだけ多くの情報にアクセスできることが必要で、それができないと不利益を被る場合があるということである。これは、大略真実であろうが、すべての人に成り立つ前提なのだろうかと改めて思いを巡らすと、必ずしもそうではないと思える。

多様な情報を上手く使う

人の数だけそれぞれ異なった「生き方」がある。従って、それに基づいてそれぞれの人にとっての情報の必要性や位置づけは異なってよいということになるだろう。そんな訳で、前提を取り払ったもう一つの情報と上手に付き合う方策があり得ると思われる。それは、情報は少なくてよいと決め込むことで、その人にとって余分な情報には近寄らないこと、知らないでいることに「勇気」をもつ。逆説的物言いであるが、これが情報に惑わされない最も確実な秘訣の一つになる。

ネット情報があらゆる人にとって身近なものになったのはつい最近のことで、以前の人類の歴史上ではこのような事態はまったくなかった。人々は、つい最近まで携帯情報端末などもたず、ネット情報などなくともさほどの不便を感じることなく日々の生活を送ってきたのである。その意味で、これらの文明の利器などなければないでどうにでもなるともいえる。しかしその一方で、現在は情報のパラダイムシフトの中にあり、個々人がＩＣＴ機器を操作しネットを介してなされるさまざまなサービスを利用できないと、一面で日々の暮らしに支障をきたすような世の中に否応なしになっている。この傾向は今後ますます強くなっていく。

ある便利なものが登場すると、人々はそれなしにはいられなくなる。と同時に、それに付随して、ここでの主題でいえば既述の情報に関わる問題点や面倒なこと・厄介なことが増える。これが自然の流れというものなのだろう。ある意味で、世の中が便利になればなるほど、それに比例して厄介なことも増える。個人的には「そんなに急いでどこへ行く。もっとゆっくり行きましょう」と思うが、この流れは加速こそすれ後戻りすることはないのが現実だろう。

そんな中にあっても個々人は、情報の高度化・多様化による利便性をある程度犠牲にしても、それぞれの「生き方」に即して情報のあり様や関与の度合いの「中庸」を自ら探り当てればよい。むやみに情報に振り回され、惑わされるのは馬鹿らしいことである。こんな見方もできると思う。

いずれにしても時宜を得た適切な情報は人間の営みに欠かせない。人々がそれぞれの生き方に合った情報を自らの責任・判断のもと、主体的に取捨選択し活用することによって日々を円滑に送るとともに、豊かで実りある人生を歩む上でも役立てる。そこに多様な情報のもつ意義がある。そんな風に私は思っている。

第五章
私の林住期における私なりの道楽学問の旅

最終章になる本章では、前章まで述べてきた「道楽学問のすすめ」に関わることの一具体例として、私なりに十八年余りつづけてきている私の道楽学問について簡単に紹介し、参考に供したい。

私の道楽学問の足跡

先ずは、本書の「まえがき」での記述と一部重複があるが、私の道楽学問の足跡について述べておきたい。

私は学生時代、そして社会に出て仕事につき家庭をもち生計を立てながら、でき得ればわれわれが生を営んでいる世界、より正確には現象世界の森羅万象について、それらをそうあらしめている根源的な事柄・事象を探索しそれを踏まえつつ、より理解を深めたいと思っていた。そしてまた、漠としてではあるがふとした折に、「人間とは何か」「なぜ生きる、生きている」、生きること・人生には「意味があるのか」「価値があるのか」、ひいては「善く生きる」「幸福に生きる」とはどういうことなのか、といったことが心に浮かんではとりとめのない考えを巡らしていた。

そんなこともあってか、二〇〇二年二月に勤務していた会社を退職し、自分の裁量で自由になる多くの時間をもてるようになったのを僥倖《ぎょうこう》に、現象世界の森羅万象のあり様を根源から理解するのに役立つ、ないしは関連するだろうと思われる、人類が蓄積してきた知・知見・思想などを私なりに跋渉《ばっしょう》してみたいとの思いに駆られた。

そしてまた、それらの知的資産を参考にしながら、いわば漠とした思いをもとにして生き、行為してきた自分の人生を反省し振り返るとともに、「人間とは何か」「なぜ生きる、生きている」、生きること・人生には「意味があるのか」「価値があるのか」、ひいては「善く生きる」「幸福に生きる」とはどういうことなのか、といった人生における重要事について根源から日常の営みに至るまで一通り考え、整理しようと思った。そしてその試みを通して得られるだろう自分なりの結論めいたことに即して、残りの人生をいわば淡々と着実に送っていきたいと思った。

かくして私の道楽学問が二〇〇二年の半ばから始まった。そして、それは私の日々の営みにおける主要な生活の一部となって、現在に至るまでかたちを変えながらつづいている。

この道楽学問の旅は二〇二〇年七月頃に、私の思い描く第一のフェーズとして、一区切りがついた。前述した事柄を、先ずは包括的・全体的に捉えてみようとする試みが一応の完成をみたということである。

この一応の完成をみたと判断した私の道楽学問の旅を記述した、未発表の原稿が私のパソコンの電子ファイルの中にある。それは、題名を「人生を基礎づける知を探索して生きる糧にして生きる」、副題を「私の林住期における私なりの道楽学問の旅」とした、この間の道楽学問で得たことを、その都度、書き記し整理してきたものである。

書物の体裁を考慮に入れて書かれたその原稿は、Ａ４用紙縦書きで一枚当たり一行四〇字×三〇行で、総ページ数で一四五八ページ、総文字数でおよそ一六〇万文字になる。それに加えて五〇の図表がある。本文を四〇〇字詰め原稿用紙に換算すると、四三〇〇枚余になるかなり膨大なものである。

以後、この原稿の中身をごく簡単に辿りながら、私の道楽学問とはどんなものかを、イメージ的にならざるを得ないことは覚悟して、紹介していくことにしたい。

私の道楽学問

本未発表原稿は二部構成になっている。

第一部は資料編で、「先達は何を明らかにし、あるいはどんなことを考えたか」と題してある。

ここで私が探索、跋渉したのは、個々人がそれぞれの人生を歩んでいくとして、その基底ないしは背景をなすものと私なりに思っている、基本的・基底的・根源的な事柄に関する先達の知的資産・遺産である。言い換えれば、直接的であるか間接的であるかを問わず、基底として、あるいは背景として作用し、われわれの心のあり様や行為に影響を与えると考えられる「知」である。

個別にその知の対象分野をいえば、どこかで何らかのかたちで「人間存在」とか「人間にまつわる多くの事象」に関わってくるだろう、自然科学の知見、代表的な神話・伝説的世界の心象風景、古今東西の代表的な宗教、思想・哲学、そして、日本における宗教・哲学・思想、ということになる。

なお、これらの知の探索においては、基本的に、たとえば『論語』（述而《じゅうじ》篇）の中で「述べて作らず、信じて古《いにしえ》を好む（古いことに基づいて述べて創作せず、昔のことを信じて愛好する）」といっているような姿勢・精神で、できる限り牽強付会《けんきょうふかい》（独断や偏見）に陥らないように、資料に対峙して理解に努めるようにした。

第二部は試論・私論編である。

私なりに突き詰めてみたいテーマがいろいろ浮かんでくるし、試論・私論としてはどんなテーマを選んでも構わないと思うが、第二部は、日頃から私が興味をもっていた課題を「『善く生きる・幸福に生きる』に絡むことを根源から日常の営みにわたり一通り私なりに考えてみる」と題して、第一部の知的資産を参照しつつ、必要に応じてそれ以外の参考資料にあたりながら、「人生いかに生きるのがよいのだろうか」に関わること、言い換えれば、「善く生きる・幸福に生きる」に絡むことについて根源から日常の営みにわたるまで一通り私なりに考え、整理したものである。

私の道楽学問の基本的なやり方は、いままでの記述からも窺《うかが》い知れるように、基本的・基底的・根源的な事柄に関する、できるだけ広範囲な分野の知を探索し、できるだけ主観を入れず、それを理解し整理して自分のものにしておく。第二章で述べた教養の積み方に即していえば、【やり方A】に照応する。その上で、それを参考にしながら、あるテーマに対して自分の考え・思いを展開していくというやり方になる。その第一の試みが、第二部での論述になる。

ちなみに私は、このような構成・内容からなる未発表の原稿を、日々の諸行為をなすにあたって、たとえば「中庸」を得るべく、折に触れ必要に応じて参照・利用している。包括的でそれなりに整理された内容からなる便利な「外部記憶装置」ないしは「備忘録」としても役立っている、役立てているということである。

次に、第一部と第二部の内容について、前章までに述べた道楽学問に関わる事柄とも関連づけながら、もう少し立ち入っていくことにしたい。

なお、本未発表原稿の目次を簡略化した目次を後記してあるので、必要に応じてその目次を参照しながら、以下を読み進めて頂ければと思う。

第一部の概要

第一部は八章からなっている。

第一章「自然科学の知見から」では、いままで得られてきた、宇宙、恒星系（端的には太陽と地球）、地球生命、人類の誕生から現在に至るその歴史と関連事項を、順次、辿って記述してある。しかる後に、進化論（包括的進化論）、人間の脳の働きとその関連の話、夢の科学（睡眠科学を含む）といった、生命体、特に人間の存在やあり様に関わる科学、そして、相対性理論や量子論をはじめとする、宇宙全般のあり様を説明するに欠かせない科学理論などについて記述してある。

これらの自然科学の知見を私の道楽学問の見地からみると、次のようなことにも留意することが大切であると思っている。宇宙には多くの謎があるが、とりわけ宇宙誕生以前とその直後は未知の領域であり、その他にも多くの謎が残されている。現在地球上に存在する人種はただ一種、ホモ・サピエンスだけである。白人種・黄色人種・黒人種といった人種分けは生物学的には意味をなさない。進化論は正しい。人間とは何かといった、人間存在やそのあり様を問う場合には、その中に必ず進化論の知見を援用すべきである。さもないと誤った見解に陥ることになるだろう。人間の身体は、一般に高等動物などにもいえることであるが、唯一の独立体ではなく、他の生物との共生体である。たとえば細胞内小器官でエネルギー変換をつかさどるミトコンドリアは、もともと別個の生物が進化の過程で真核細胞内に取り込まれ共生するようになったものであり、人間の腸には一〇〇兆個以上の腸内細菌が共生している。これらの住人なしに人間の身体を正常に保つことは不可能である。等々である。

第二章「神話・伝説的世界から」では、いくつかの地域の神話や伝説的世界における知の営みについて探索し記述してある。

古代の人々が生活したところには、どこにも何らかの神話がある。その中には人的交流がないと思われるのに、地域を横断しての似通った多くの神話がある。また、バラモン教の根本聖典である「ヴェーダ」の中には哲学的世界観が語られているし、ヒンドゥー教最高の聖典とも目されている『バガヴァッド・ギーター』には宗教的・哲学的な記述がちりばめられている。それらの中には、私にとって考えさせられるいくつかの深遠な言辞が含まれている。これらは、道楽学問の観点からも人間のあり様に思いを馳せる糧として重要で興味深いことである。

第三章「インドの思想・哲学・宗教から」では、「インド精神史」について通覧した後、「インド六派哲学」「ヒンドゥー教」について探索し記述してある。インド六派哲学の中では、各派を代表する哲学者の思想にも触れてある。ヒンドゥー教についてはどんな宗教なのかを簡単に確認した後、ヒンドゥー社会の特徴的なものと私が思っている「輪廻転生《りんねてんせい》」「カースト制度」「四住期」を取り上げてある。なお、仏教もインド発祥の世界宗教の一つであるが、それはここでは取り上げず次章に述べてある。

ところで、釈尊《しやくそん》在世当時の紀元前五〜六世紀に活躍した六師外道《ろくしげどう》と呼ばれる六人のインドの自由思想家がいる。彼らが唱えた思想と「ソクラテス以前の哲学者たち」の唱えた思想をみると、その世界観の類似性に驚かされる。インドとギリシアの地でほぼ同じ頃に、接触・交流はなかったであろう人々によって独自に類似した思想が育まれていたということになる。これは私にとって、道楽学問の観点からも、人間とは何かといったことに思いを馳せる糧として興味深いことである。

第四章「仏教とそこにおける思想から」では、仏教の歴史を概観した後、現在も馴染みのある仏教用語を援用しつつ、私にとって興味があり、かつ重要と思われる仏教の教え・思想のいくつかについて探索し記述してある。そこで探索した項目については、後記の簡略化した目次を参照願いたい。

私の道楽学問のあるべき「道」の探究においては、仏教の教えや概念を援用したり、そこから示唆を受けることがかなり多い。私の道楽学問においては、仏教がかなり重要な位置を占めているということである。

第五章「中国の思想から」では、諸子百家とその思想を鳥瞰《ちょうかん》した後、そこにおける代表的な思想である儒家思想（孔子、孟子、荀子）と道家思想（老子、荘子、列子）については節を改めて探索し記述してある。また、宋学、明学の思想についても、朱子や王陽明をはじめとする代表的思想家の思想について探索し記述してある。

中国の思想は全般的にみて現実主義的であるといえる。ということは人生論的な面の思想、考え方が主流であるともいえるだろう。

こんなことに起因しているのかも知れないが、人生に関連して、若いうちは「陽明学」の思想・教えに則り、年齢を重ねるに従って「道家」、端的にいえば、「老荘思想」に則った生き方に軸足を移していく。そしてその全体に『論語』で横串を入れておく。このような生き方が、理想的かも知れない。言い換えれば、豊かに実りある人生を歩む秘訣になるかも知れない。中国思想を跋渉していると、私はこんな風に思うことがある。

西洋の哲学・思想は、一面でキリスト教と関係しながら、絡み合いながら展開されてきた歴史をもつ。そこで第六章「西洋の思想・哲学・宗教から」では、キリスト教に関する記述を含めて、「ソクラテス以前の哲学者たちの思想」から「プラグマティズム」に至るまでの、私が重要と思う思想・哲学を、それを代表する哲学者・思想家が紡ぎ出した思想を歴史的に辿りつつ、探索し記述してある。そこで探索した思潮とか、取り上げた哲学者については、後記の簡略化した目次を参照願いたい。

第六章での記述内容を俯瞰すると、長い歴史をもつ多岐・多様な西洋の思想・哲学は、キリスト教、そして時代が下るに従って、自然科学の知見と絡み合いつつ、新たな思索・思想が紡ぎ出され展開され現代に至るさまがみてとれる。

本章は、かなりの時間を費やした（結果として、費やさざるを得なかった）、私の道楽学問を形づくる里程《りてい》の一つになっている。

第七章「イスラーム（イスラーム教）の教え、哲学・思想から」では、イスラーム教とはどんな宗教なのかを簡単に探索した後、イスラームを代表する哲学者を取り上げ、その哲学・思想を記述してある。

イスラーム教は、仏教、ヒンドゥー教、キリスト教と並ぶ世界四大宗教の一つである。現代ではアフリカから中近東、東南アジアを中心に、世界で一二億人を超す信徒を擁しているといわれる。また、イスラームの思想は他地域と本質的に異なる諸思想との衝突・融合によりその歴史を構成している。

このようなことからして、イスラームに関わる知を探索しておくことは、道楽学問にとっても大切なことであるといえる。

第二章ないしは第三章から第七章を俯瞰すると、それぞれの土地の風土や人間の営み、そしてそこから生み出された諸環境に根差した宗教や思想が生み出され、変遷を遂げてきた歴史がみてとれる。実に多種多様な宗教・哲学・思想が歴史的に生み出され、現代に至っているということである。

道楽学問に際しては、この多様性を先ずもって認識し、それを容認する態度が大切であるといえるだろう。その上で、人それぞれの生き方に即して、これらの「知」を参考にし、批判し、取捨選択しながらその人の人生の肥やしにしていく。それが、それぞれの人が豊かで実りある人生を歩むための糧となる。

第一部の最後となる第八章「日本における宗教・哲学・思想などについて」では、日本人の伝統的な精神構造について考察した後、私が探索しておくべきと考えた、日本における宗教・哲学・思想について記述してある。取り上げた項目については、後記の簡略化した目次を参照願いたいが、本章で日本独自の哲学といえるものを樹立した哲学者であり、近代日本最大の哲学者であるとも目される、西田幾多郎《きたろう》の思想も辿っている。

自分のことは、自分では意外と分からないものである。同様に、日本人には日本人のことは「空気」のようなものであり、それを正面切って問われると意外と分からないといったことがままあるかも知れない。日本における宗教・哲学・思想についても同様である。そんなことからして、また道楽学問の観点からも、一度、本章で記述したような日本における知を探索し、整理しておくことには意味がある。日本人のアイデンティティを確認・再確認する上でも有益なことであると思う。

第一部資料編について、前章までに述べたこととも関連させながら、その概要を記した。私の知の探索とはどんなものなのか、その中身の詳細は別にして、イメージ頂けたと思う。

私は先達が営々と築いてきたこれらの知をプラットフォームないしはバックグラウンドとしてもっていれば、それが、私を含めて個々人がどのような生き方をしていくにしても、その人生を豊かで実りあるものにする上での大きな一助になると思っている。

第二部の概要

第二部は、第一部の先達の「知」を活かしながら、そして第一部ではほとんど触れることのなかった当該課題に関係する先達の「知」をも新たに探索し、参考にしながら、私が設定したテーマに関する私なりの考え・思いを書き綴ったものになる。

第二部は、第一章～五章と終章からなる全部で六章から構成されている。

第一章「究極的真理とそれにまつわることを考えてみる」では、題名のごとく、究極的真理とそれにまつわることを考察して、そこからどんなことがいえるだろうかに思いを馳せている。ここで究極的真理があるとして、一言でいえば、それは宇宙を生み出し、宇宙をあるようにあらしめている究極的な何らかの真理のことになる。

究極的真理にまつわることを考えていると、そんなとりとめのないことを考えてどうするのかといわれそうであるが、私はそこから世界（宇宙）の森羅万象に対する見方、とりわけ人間という生命体に関する見方に新たな地平が見出せるのではないかと思っている。たとえば、人間は何事をなすにつけ「謙虚」であることが非常に大切であると思っているが、本章での考察はわれわれを「謙虚」に導く一つの契機になると思う。

第二章「『人間とは何か』そして『善き人間への道』に関係することを考えてみる」では、人間とはどのような生命体で、地球上におけるどのような存在であるのかを改めて問い直し考察を加えている。そしてそれを踏まえて、単なる生物を超えた人間への可能性について論述してある。その後、「より善なる人間」になるために留意すべき基底的なこととして、「心と身体の関係」「感性と理性そして行為・行動の関係」「意識と行為・行動の関係」「行為・行動に影響する社会的要因」「私とは一体どんな存在なのか、そして、私と他者との関係とは」について、いろいろな観点から考察したことを記述してある。

第二章はこのような内容からなるが、ここで些か脱線して、本章での考察を通して思い至った、私のオリジナルではないと思うが、脳の面白い機能について触れておきたい。それは、本章第五節で記載してある意識と行為・行動に関する科学的な知見に日常の経験も加味していうと、脳は一種の「自働推進装置」とでもいえる機能的側面をもっているらしいということである。ある課題・問題を抱えており、それを何とかしたいと意識していると、脳はそれを解決すべく勝手に自働推進して、あるとき突然、その課題の解決策をその人の脳裏に浮かび上がらせるというような働きをするということである。道楽学問の観点からいえば、人それぞれの道楽学問の課題・意図を意識していれば、脳はその達成のために自働推進してくれるだろうということになる。道楽学問にこの脳機能を有効活用したいものである。

第三章「現象世界に生きる人間が抱く心象風景あれこれ」では、第二章で述べたことを踏まえつつ、それとは視点を変えて、われわれが生を営んでいる現象世界にあって、個々人が「生きる」「善く生きる」「幸福に生きる」上での基底・背景として作用することになるであろう、人間が抱く心象風景とでもいえることに関して考察してある。

論述にあたっては、先ず現象世界と人間との関わり合いを読み解く四つのキーワード（「無常」「環境」「時間」「中道」）を呈示し、考察をしている。しかる後、私として重要であると思われる、「自由」「運命」「輪廻」「なぜ生きる」に関わる心象風景について思いを巡らしている。以下、これらについて若干の補足をしておきたい。

「自由」について、因果の法則で支配されている決定論的世界である現象世界に住むわれわれに、そもそも自由はあるのかと改めて考えてみると、あるようでもあり、ないようでもあるという奇妙な気分に襲われる。「自由」とは厄介な概念である。そこで、ここでは「自由と決定論の問題」の歴史的展開を辿り整理してある。その後に「自由」「自由意志」に関する私なりの考察をしている。そこから得た私の立ち位置は、人間には制限された、いわばささやかではあるが貴重な「自由」があるとなる。

自由とも密接に関係する「運命」ないしは「宿命」といえる事象は、生老病死をはじめとして厳然とある。運命をどう考え、それに向き合うかはその人の人生、生き方に大きく影響する。たとえば、すべてが運命に支配されているとすると、何をしても結果は決まっているのだから世の中や人生には何の意味もないとなってしまうかも知れない。そんなことから、ここでは運命論の歴史を俯瞰した後、私なりの運命に関する見方・捉え方と対応の仕方について述べてある。

「輪廻」という言葉からわれわれが真っ先に思い浮かべるのは、仏教における「十二因縁」に代表されるような輪廻・輪廻観であろう。ここではそれに加えて、私が思っている

「時々の心の変容の輪廻」「身体を構成する物質の入れ替わりの輪廻」「地球の変動周期に合わせた行為の輪廻」「個体死を伴う全構成物質の輪廻」「宇宙規模の輪廻」とでもいえる五つの輪廻を設定し、全部で六つの輪廻について考察し、そこからどんなことがいえ、われわれの心のあり様や行為に影響するだろうかについて論述してある。

さて、人々に「あなたは『なぜ生きる』『なぜ生きている』のですか」と質問したら、物的なもの、精神的もの、自利的なもの、利他的なもの、世俗的なもの、感情的なもの、理性的なもの、宗教的なもの、高邁そうなもの、近視眼的なもの、長期的視点に立ったもの、そしてこれらが複合したもの等々からなるさまざまな答えが返ってくるだろう。このように「なぜ生きる」とは、千差万別で一言では応答できない複雑な様相を呈する難問であるといえる。

「なぜ生きる」に関しては、この難問に対し私なりにさまざまな観点から考察を加えた後、私なりの応答をしてある。道楽学問に絡めての差し当たりの私の応答は、「われわれは生きているのだから何らかの生きる価値、生きる意味があるだろうが、それが何であるかは私には分からない。この分からないところに、生きる価値、生きる意味がある。従って、われわれは生きている」というものである。

それぞれの人がここで述べてきた事柄に対してどのような心象風景を抱き捉えるかによって、それが多かれ少なかれ、その人の生き方、「善く生きる」「幸福に生きる」生き方を規定することになるのではないかと私は思っている。言い換えれば、それぞれの人が思い描くこれらに関しての心象風景は、その人が豊かで実りある人生を歩む上での大きな影響要因として作用するだろうということである。これが本章の結論めいたまとめになる。

第四章「『善く生きる』『幸福に生きる』に関わる基本的なことを考えてみる」では、前章までの考察を踏まえつつ、個々人が「善く生きる」「幸福に生きる」べく日々の営みを遂行していくに際して、心に留め置くべきと思われる基本的な事柄について私なりの考察をしている。どんなことについて論述しているかについては、後記の簡略化した目次を参照され見当をつけて頂けたらと思う。以下、少しばかり補足をしておきたい。

個人の守るべき最も基本的な最低限の要件とは、日常生活の諸局面において「個々人は他者にできるだけ迷惑をかけない」ようにすることである。そして、その心掛けのもとで行為することであると私は思っている。

中道を得るには、「自利と利他」「人それぞれがもつ性格」「単純と複雑」「部分最適化と全体最適化」「短期的と長期的」等々のいろいろな視点から検討することが肝要である。

そして、何事につけ極端に走ることなく、中道に則った行為をなすことが大切であると私は思っている。

「善く生きる」「幸福に生きる」を志向し実践するに際しての出発点は、現在のありのままの自分をみつめ、自分の心のあり方・あり様を正直に正確に把握することである。その上で、本章で論述してある基本的な事柄に留意して日々の実践に繋げるようにしていけば、善く生き、幸福に生きる人生を歩めるようになる、少なくともその可能性が増すといえると私は思っている。

第五章「善く生きる・幸福に生きるための実践の場に目を向ける」では、日々の実践の場面に焦点を移して、われわれ（個々人）が生きていく、それも善く生きる・幸福に生きるため、あるいはそれに繋がるためにはより直接的な意味合いでどんなことが必要で、それに対して常にどんな心掛けで都度ごとの行為をなしていくのがよいのかについて、当たり前と思われることを再確認する意味合いをも込めて、私なりの考察をしている。以下、後記の簡略化した目次に即して若干の補足をしておきたい。

実践の場面で心掛けるべき大切なこととしては、「自然体であること」「自助ないしは自助努力」「欲はほどほどに」「選択と集中」の四つを取り上げ論じてある。

「善く生きる・幸福に生きる」の前提となる事柄とは、端的にいえば、「健康」と「生計を立てる」に関わることである。

本原稿では折に触れ、日々の実践を支えると私が思うキーワード（言葉）を用いている。それは、「比べない、分別しない、とらわれない」「足るを知る、自足する」「反省」「常識を疑う姿勢をもつ」「習慣化」「淡々と着実に」である。第五章でこれらのキーワードについてまとめてある。日々の実践における諸局面でこれらのキーワードを援用して事にあたれば、より正鵠を得た行為をなすことができるようになるだろうと私は思っている。

終章「今を生き有終の美を飾る――『おわりに』にかえて」では、第二部の「おわりに」にかえて、第二部の道楽学問の旅で得た私なりの思い・感懐や結論めいたことを書き記してある。

以上が第二部試論・私論編の概要である。第二部の私の道楽学問でどんなことを考察し論じたかについて、その中身の詳細は別にして、イメージ頂けたと思う。

目次の簡略版

以降に未発表原稿の簡略化した目次を示す。これは未発表原稿の目次から「項」以降の表記部分を削除したものである。なお、この原稿はかなり大部なので、簡略化した目次にしてもかなり長いがご容赦願いたい。

（簡略化した目次）

六、アウグスティヌスの神という真理
七、スコラ学について―神学（信仰）と哲学（理性）―
八、アンセルムスの神とその存在論的証明
九、トマス・アクィナスの思想から―信仰と理性と―
一〇、デカルトの哲学・思想から
一一、スピノザの哲学・思想から
一二、ライプニッツの哲学・思想から
一三、啓蒙思想（啓蒙主義）について
一四、理神論
一五、ロックの経験論から
一六、ヒュームの経験論から―臨界としての経験論―
一七、カントの哲学・思想から―啓蒙思想の完成とその超克―
一八、ドイツ観念論について―カント的二元論の克服をめざして―
一九、フィヒテの哲学・思想から
二〇、シェリングの哲学・思想から

第八章　日本における宗教・哲学・思想などについて

参考とした資料について

本未発表原稿の執筆で参考とした資料について、簡単に記しておきたい。

参考にした書物は全部で三九一冊になる。それらは、ほぼ一次資料といってよい内外の書の訳注書や翻訳書、内外の専門的な研究書・解説書および翻訳書、ある分野ごとの通史、ある分野やある特定の人の治績・思想を述べた書物および入門書、などである。また、これらの書の大半は、本書第四章の読書に関わる留意点についてのところで述べたような読書のやり方で、精読、再読するといったように、時間はかかるが丁寧にじっくりと読んで理解に努めた書になる。

これらの書物を、参考までに、ジャンル別・テーマ別に分けてその内訳数を示すと、各章にまたがる書もあるので概略になるが、次のようになる。

（第一部）

① ある学問分野に関わる専門的な「辞典・事典類」（たとえば、『岩波　哲学・思想事典』『佛教語大辞典』『岩波　イスラーム辞典』といったもの）……………一二冊

② 第一章の自然科学関係の書……………………一〇七冊

③　第二章～五章と第七章の東洋などの宗教・哲学・思想関係の書……………一一四冊
④　第六章の西洋の宗教・哲学・思想関係の書……………………………………八五冊
⑤　第八章の日本関係のために参考にした書………………………………………四六冊

（第二部）

（第一部の資料以外に）第二部の論考のためのみに参考にした書…………二七冊

右記した書物に加えて、新聞、ネット情報、定期購読している経済誌や学会誌などの一般情報に目を通し、適宜、活用している。また、語句の意味の確認などに「電子辞書」を利用しているが、これは便利なツールであると実感している。

道楽学問から得た感懐・心境

次に、私の道楽学問の旅で再確認した、あるいは抱いた感懐とか思い至った心境とでもいえることのいくつかを述べてみたい。これらは私にとって、道楽学問から得られた心境面での独白めいた収穫・変化ともいえるものである。

その一は、宇宙のもろもろの謎に始まり、日々の営みにおけるさまざまな局面でどのように対処すべきかの方策に至るまで、肝心なことは誰にも分からない、ないしは誰にもほとんど分からない、ということである。

その二は、その一の延長として、われわれは人生に関わるいかなる事柄に関しても、それが完全に正しいとか確実であるとはいえないということである。人間にとってできるのはせいぜい「蓋然性《がいぜん》」のレベルまでであり、それを「確実性」「完全性」「必然性」のレベルに可能な限り肉薄するように努めることだけである。逆に、蓋然性に止まるがゆえ、世の中、個々人の人生は多様な展開をみせる、ある意味で面白いものになるともいえる。

その三は、その一とその二などからして、私はソクラテスのいう「無知の知」は至言であると強く思うようになったということである。私の道楽学問の旅は、ある意味で、ソクラテスのいう「愛知」に始まり、「無知の知」を再確認・再認識して、それゆえの「愛知」に回帰したとでもいえそうである。

その四は、われわれの生の営みの多くの場面において、人間は、ある役割を果たすために生きているというより、生かされていると考えた方が適切であるといえるのではないかということである。

以前より、歴史関係の書を読んでいるときなど折に触れ感じていたことであるが、この道楽学問の旅においてもしばしばこの感懐を抱くことがあった。生かす主体が、全知全能の「神」なのか、「天」とでも呼べる何かなのか、「自然」の摂理なのか等々に関して明らかにすることは私にはできない。そしてまた、世の中には理不尽であるとしか形容できないような出来事がしばしば生起するのを見聞きもする。従ってこれは、そもそも単なる錯覚かも知れないとも思える。

それでもなお私には、人には個々人ごとの天の配置とでも形容できる役割があらかじめ配当されている、そして、その人にとっての役割を果たせば、そのときの年齢の長短にかかわらず、この世からサヨナラするような具合に配当されているのではないかという思いが強くある。

個々人には世の中における何らかの役割が、その大小にかかわらず、たとえそれがどんな些細なものであっても、どんなものであるのか分からなくとも配当されている。こんな風に思い定めてみるのも有意義なことであると思う。そうすれば、その人にとっての境遇を、良きにつけ悪しきにつけ、先ずはそのまま自然体で受け入れることができる。生かされている間はとにかく自分に即したかたちで真摯に生きる、人生を歩む。生かされていると感じると何か安らぎを覚える。こんな心境になるのではないだろうか。生かされていると感じること、それは有限な存在たる人間の抱く一側面といってよいと思う。

その五は、その一からその四までで述べてきたような感懐の行き着くところを一言でいえば、それは「謙虚に至る」に集約できるのではないかということである。たとえば何事につけ「中庸」を得るには「謙虚」であらねばならない。人がそれぞれの人生を真摯に歩んでいけば、きっと何事をするにしても「有終の美を飾るは謙にあり」と思い至るに違いない。こんな風にも思っている。私は、この道楽学問の旅を通して、謙虚で誠実な態度で常に行為にあたるべきことの意味をより深く感得できたように思う。

各人に適した道楽学問を

私なりの道楽学問とは、概略、いままで述べたようなものである。イメージ的にはご理解頂けたと思う。

ところで前章までで述べてきたように、道楽学問の対象・対象分野は多岐にわたり、これを広義に捉えれば、さらにその対象分野は大きな広がりを示すことになる。また、その目的とするところや、やり方も人の数だけバリエーションがあり得るだろう。従って、豊かで実りある人生を歩むべく、その一助としての道楽学問を人生の営みの中に組み入れるにしても、それをどんなかたちで行うかは、人それぞれの考え・考え方に即して決めて頂ければと思う。何らかのかたちで道楽学問をしてみようと思われる方に対して、私なりの道楽学問が多少なりとも参考になればと願っている。

あとがき

私は、さしたる教養を持ち合わせているわけではないし、いわんや人格の陶冶を成し遂げたといえるような人間でもなく、折に触れ湧き出てくる厄介な「煩悩」と付き合いながら、市井《しせい》に埋もれ静かに生を養っている平凡な一個人である。

その私が『道楽学問のすすめ』と題して、臆面もなく大それた何か立派なことを書き記してしまったような気がしている。また、とりとめのないことを書き綴ってきたかも知れない。これについてはご容赦願うとして、私がいえることは、本書で記したような思いや心構え・心持ちをもって、私なりに道楽学問に努めてきた、努めているということだけである。

そうではあるが、私なりの道楽学問を日々の生活の中に組み込み経験を積み重ねてきたことによって、たとえば、ものごとのよって立つ本質とか根本は何かに留意しながら、謙虚な態度でより多面的にものごとをみて、中庸に沿ってより正鵠を得た行為をなせるようになってきているようには思っている。それは、絶対的な意味合いでは人間いまだしであるが、多少なりとも精神修養ができてきている、人間ができてきている、そしてある意味で、豊かで実りある人生を歩んでいるといえるのかも知れない。そんな気がしている。

話は変わるが、私も七十五歳を迎え、後期高齢者の仲間入りである。日常の立居振舞に難渋することはほとんどないが、いわゆる老化現象に伴う心身の衰え、なかんずく持続力とか集中力の衰えを実感しているし、その進行は年を重ねるにつれ加速していくのだろう。それは如何ともし難いと思うが、今後も生きている限り生かされている限り、心身の状態と相談しながら、何らかのかたちで道楽学問の旅をつづけていきたいと思う。

そして、一人でも多くの方が道楽学問に参加して、その人なりの人生を豊かで実りあるものにする一助にして頂けることを期待したい。多くの人たちが道楽学問をする、言い換えれば教養の涵養に努め人格の陶冶を図っていけば、その人たちの総和からなる社会もまた、自ずとより善き社会になっていくことになるだろう。

最後になるが、本書を出版するにあたっては、ＰＨＰエディターズ・グループの髙橋美香氏に尽力頂いた。ここに感謝の言葉を添えたいと思う。

二〇二〇年十二月

眞田《さなだ》　茎《けい》

《著者略歴》
眞田 莖（さなだ・けい）
1945年９月静岡県生まれ。1974年３月早稲田大学理工学研究科博士課程修了。工学博士。1974年４月日本電気株式会社（ＮＥＣ）入社。2002年２月同社退職。それ以後、道楽学問を柱の一つにした生活に入り、現在に至る。

道楽学問のすすめ
豊かに実りある人生を歩む

2021年２月１日　第１版第１刷発行

著　者　眞田 莖

発　行　株式会社ＰＨＰエディターズ・グループ
〒135-0061　東京都江東区豊洲5-6-52
☎03-6204-2931
http://www.peg.co.jp/

印　刷
製　本　シナノ印刷株式会社

ISBN978-4-909417-69-5